資産をもっと
ガッチリ
増やす!
超かんたん
「スマホ」株式投資術【実践編】

矢久仁史

彩図社

ネット証券の口座数が大幅に増え、個人の休眠口座も再開し始めた
4,861
-38 -0.78%
超カンタン工業
15:00:00
東1
チャート設定
終 4,861.0
日足
安 4,840.0
高 4,943.0
始 4,930.0
18/09
18/10
18/11
<11/25>
ネット

株式
とは？
2022年度から
高等学校で
資産形成の
授業も始まる

テレワークの
導入により
働き方が
変わり、
投資の時間が
増えた

今こそ
自分のお金を
増やすとき！

はじめに

本書は、ご好評をいただいた前作、「資産をガッチリ増やす！　超かんたん『スマホ』株式投資術」の続編になります。

前作で、筆者は「これからはスマホを使って株式を売買するのが主流となっていく時代になる」と明言しました。

ＳＢＩホールディングス（８４７３）は、２０２０年４月28日、傘下のＳＢＩ証券とネット専業のＳＢＩネオモバイル証券の口座数が、３月末時点で５４２万８０００口座となって、野村證券を抜いて、国内最大となったと発表しました。また、楽天証券も大幅に新規口座数を伸ばしました。前作の初版が平成30年12月19日ですから、前作に続いて本書が出版される間のわずかな期間でネット証券が総合証券を規模で上回ってしまったことになります。

これには、「コロナショック」も大きく関係しています。

感染予防のための外出の自粛、いわゆる「ステイホーム」のおかげで、大手総合証券が対面販売を自重している間に、スマホやＰＣを活用して、ネットで株式を売買する「巣ごもり投資家」

などが急増したのです。

自宅に「巣ごもり」してスマホをタップする分には、コロナウイルスに感染するリスクは、ゼロですからね。

2020年1月5日、WHO（世界保健機構）が、中国湖北省武漢市で原因不明の肺炎患者が発生したことを発表しました。

日経平均株価は、2万3000円前後で堅調に推移していたのが、わずか4週間ほどで7000円近く下げる「大暴落」となりました。

しかし、その後、12週間で元の2万3000円台まで回復しました。

実は、「暴落」の直後から、初心者たちが大勢、株の世界に参入してきたのです。

彼ら、ニューカマーたちは、「コロナショック」によって、株価が大きく値を下げるのを見て、「今こそ、株式投資をスタートする絶好のチャンス！」と判断して、ネット証券各社に新しく証券口座を開設したのです。

また、初心者ばかりではなく、ずっと売買を休止していた投資家たちが、「休眠口座」を復活させて、投資を再開させたことも株価の急回復に貢献していると思われます。

この現象を分析してみると、初心者ばかりでなく、取引を中断していたベテラン投資家たちも、この「コロナショック」は投資で利益を出す機会だと判断していると読むことができます。

筆者は前作で、「2008年10月、日経平均株価が6994円を付けたタイミングで、投資を始めていれば、インデックスで買っても、あなたの資産は3倍になっていたでしょう」と書きました。

ならば、2020年3月19日に、日経平均株価が1万6358円を付けた時点で投資をスタートさせていれば、あなたの資産は大きく成長していたはずです。

相場が大きく動く時、それは多数の銘柄をホールドしてきた既存の投資家たちが、重大なピンチに見舞われる時でもありますが、新たにゼロから株式投資を開始するニューカマーたちにとっては、大きな利益を上げるビッグチャンスともなるわけです。

前作で筆者は、「数日から数週間程度の短いスパンのトレードをお勧めします」と書いています。こういう投資手法を特に「スイングトレード」と言います。

私が特に若いビジネスマンの皆さんに「スイングトレード」をお勧めするのは、このやり方が皆さんのライフスタイルに最もフィットしていると考えるからです。

「長期投資」ではある程度まとまった資金が必要ですし、「デイトレード」「スキャルピング」は、専業トレーダーでなければ実行できません。

証券市場には、10万円以下で買える銘柄が多数存在しますから、気軽にスマホをタップして、お小遣い稼ぎができます。

そして、株式投資を始めれば、投資家たちの視線は株価に影響を与える様々な要素に注がれます。売上高の伸長や増益・減益、決算の上方下方修正など、企業そのものの価値に関するもの、投資家たちの投資行動そのものが株価に影響を与える需給関係、為替の変動、景気の上下動、原油価格、戦争、自然災害など、市場の外部に起因するもの……。これらのことに注目し、その意味を理解することで、あなたはきっとビジネスマンとして大きく成長していくことになると思います。

何より、1週間を区切りにして働く一般のビジネスマンにとって、数日から1週間程度の取引を完結させる「スイングトレード」は、社会人のバイオリズムに合っていると思います。

本書は「実践編」ということで、口座の開設方法など初歩的なことは省略してありますが、「復習しましょう」というかたちで、株式投資とはどういうものかを説明しています。ですから、初めてこの本を手に取られる方も問題なく読み進めることができると思います。

では、始めましょう。

ようこそ、「スイングトレード」の世界へ！

資産をもっとガッチリ増やす！

超かんたん「スマホ」株式投資術【実践編】

―目次―

第四章　株の基本を復習しましょう　65

第五章　チャートの見方を教えます

第六章 役立つ情報をゲットしよう

第七章　勝率を上げる投資テクニック

第八章　配当と優待も見逃せない

【第一章】

スマホ投資なら「スイングトレード」

スマホ投資なら
スイングトレード
その01

数日から1週間程度で決済！
「スイングトレード」とは何か？

前作『超かんたん「スマホ」株式投資術』で筆者は、読者の皆様に「数日から、1週間程度で決済する株式売買」を推奨しました。

この「数日から1週間程度」のスパンで完結する株式取引のことを「スイングトレード」と言います。

株式投資には、様々なスタイルがあります。「長期ホールド（バイ＆ホールド）」、これは長期的な視点で成長性の高い優良株を購入して、そのまま持ち続ける（ホールドし続ける）という投資スタイルです。

これに対して、「スイングトレード」とは、前述の通り、数日から1週間という短いスパンで株式を売買し、細かく利ザヤを稼ぐ投資手法のことを言います。スイングトレードでは株価を分析する手法として、「ファンダメンタル分析」より「テクニカル分析」（80ページ参照）が主に用いられます。

これから読者の皆様に、この「スイングトレード」の実際についてお話ししていくことになります。

短期売買には「デイトレード」というものがあります。これは売買をその日一日で完結させ、ポジションを翌日以降に持ち越さない、つまり、その日の取引を終了させたら、保有している銘柄はゼロという手法です。

また、さらに超短期間サイクルで売買を繰り返す手法に「スキャルピング」があり、これは数秒から数分単位という手法です。1日に100回以上の売買を繰り返すのが普通で、わずか1円の値上がりでも、利益確定が行われます。

取引の期間によって異なる株取引の代表的な手法

トレードの手法は４種類

手法その１

長期ホールド（バイ＆ホールド）

株を買ったら上がるまで長～く持ち続けている方法です！

オススメ！

手法その２

スイングトレード

日中働いている人、動いている人には数日から１週間程度の期間で行うコレがピッタリ！

手法その３

デイトレード

主に１日で売買を完結させる手法だからスマホでやるにはちょっとムリです

手法その４

スキャルピング

プログラムで売買するのでスマホ投資家の世界ではありません

スマホ投資なら
スイングトレード
その02

ビジネスマンにこそ最適の投資スタイル
なぜ「スイングトレード」を勧めるのか？

ビジネスマンは本当に忙しいものです。給与所得者ならば、1日の時間の大半を会社に拘束されてしまいます。

「もう少し、お金があったらなあ」と思っても、残業続きでは、疲れ果ててしまいますし、会社の規定で副業が禁止されていたり、あるいは厳しい制限があるという人も多いでしょう。そこで「株でも」という気持ちになったとして、株式投資にも前述のように様々なスタイルがあります。

長期ホールド（バイ&ホールド）は、優良な成長株を選んで投資し、途中で利益が出たとしても、そのまま長期に保有し続けるという手法です。強い精神力と、ある程度豊富な資金力が必要になります。

デイトレ・スキャルピングでは、常に相場に張り付いている必要があります。また、知識・経験・PCなどの設備もプロに負けないほどのレベルのものが必要になります。

筆者が読者であるビジネスマンの方たちに特に「スイングトレード」をお勧めするのは、ビジネスマンのライフスタイルに最も適していると考えるからです。

数日から1週間程度のスパンでトレードが完了するわけですから、株式投資の成果を小刻みに確認することができます。

使用するのは基本的にスマホのみ。株式投資を通じて、政治や経済、国際問題の基本的な仕組みを理解できるようになるので、ビジネスマンライフに大いに役立つと考えるからなのです。

スマホ株式投資家には スイングトレードがいい！

取引期間がビジネスマン向け

投資期間は

10年間

あまりに長すぎてムリ

投資期間は

数秒間〜1日間

あまりに速すぎてムリ

オススメ！

投資期間は

数日間〜1週間

勤務時間外にできるから
やってみたい！

スマホ投資ならスイングトレード
その03

ちょっとの空き時間でも投資ができる！
スマホのモビリティを確認しよう

スマートフォンは、現代人必須のアイテムです。通話やメールのほか、私自身が使用しているアプリだけでも、Yahoo!やGoogleなどの検索サイト、GunosyやSmartNewsといった情報キュレーションサービス、天気予報、Yahoo!乗換案内、辞書、翻訳アプリ、YouTube、GoogleMaps、TV番組表、スケジュール表、メモやリマインダー、Amazon、ゲオやマツキヨ、ヤマダ電機などの会員証、JAFの会員証と緊急コール、Yahoo!カーナビ。

愛機がiPhoneでクレジットカードがAmexなのでスマホに登録している電子マネーは、QUICPayとモバイルSuica。スマホをかざすだけで駅の改札が通れますし、近所のコンビニ・スーパーで買い物ができます。

そして、私自身が「楽天証券 iSPEED」で株式投資を楽しんでいます。スマホでお金儲けまでできるわけですから、本当にすごい道具ですね、スマホって。

スマホの最大のメリットはそのモビリティ、つまり機動性です。通勤電車の中で、仕事中のコーヒーブレイクで、昼食時間で、深夜であっても、あるいは旅行先の観光地であっても、スマホがあれば、随時、情報をチェックし、適宜、売買の注文を出すことができます。この原稿を実は旅行中に執筆しながらスマホで株式投資をしていました。

現代人必携の、最も身近な道具で、時間を問わず、場所を問わず、株式投資を実行することができるわけです。

スマートフォンは
お金を増やしてくれる道具です

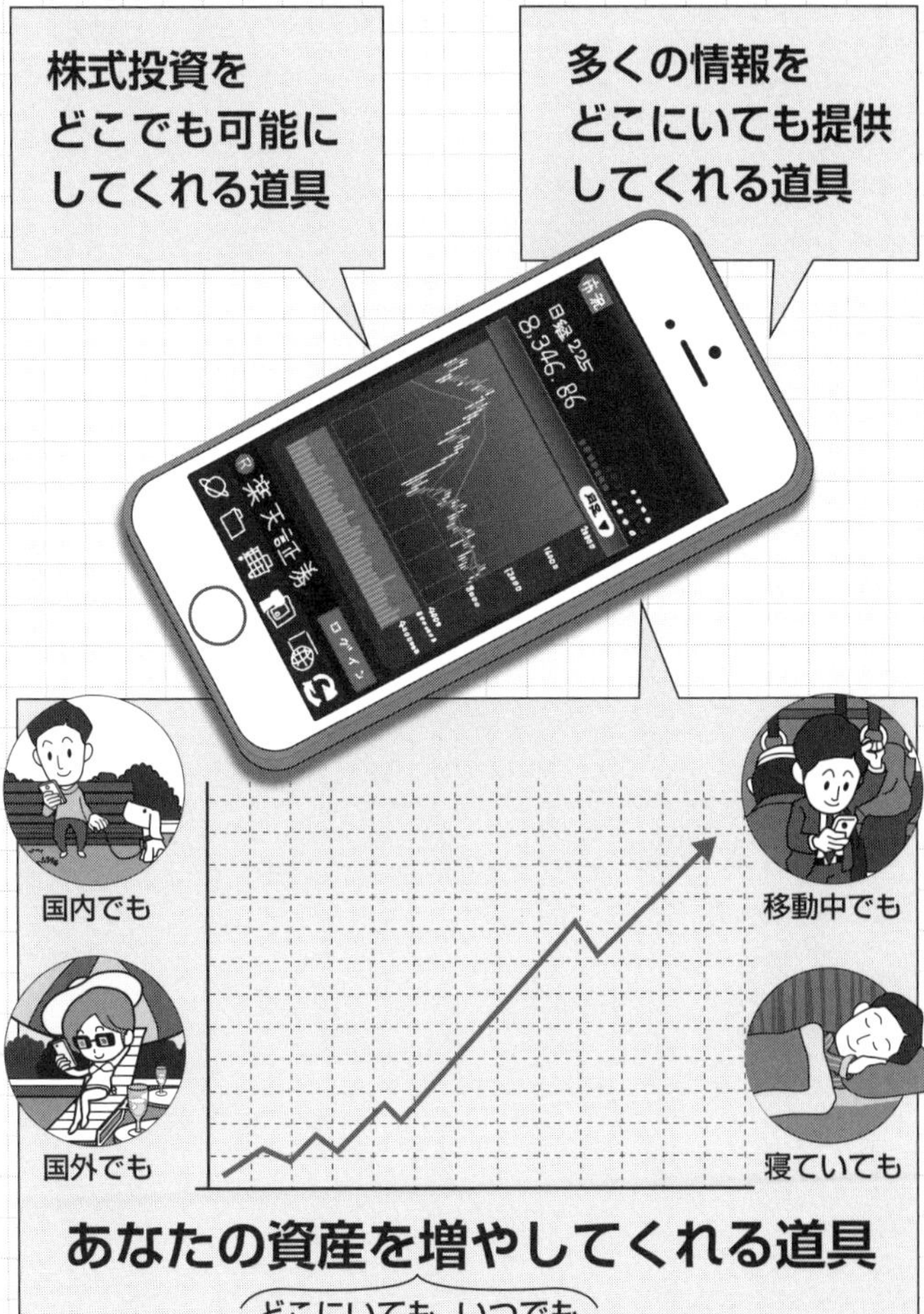
株式投資を
どこでも可能に
してくれる道具
多くの情報を
どこにいても提供
してくれる道具
国内でも
国外でも
移動中でも
寝ていても
あなたの資産を増やしてくれる道具
どこにいても、いつでも

スマホ投資なら
スイングトレード
その04

「スイングトレード」の長所と短所

メリットとデメリットをしっかり確認

《スイングトレードのメリット》

①高度なファンダメンタル分析を必要としない

長期ホールドでは、財務諸表などをチェックして、企業の決算、財務内容、成長性などを詳細に調査する必要があります。スイングは、難解なファンダメンタル分析を必要としません。

②24時間、相場に張り付く必要がない

デイトレ・スキャルと違って、市場が開いている間、ＰＣやスマホの画面を凝視し続ける必要がありません。

③一般人でも機動的な売買ができる

数万円から１００万円程度の資金で、一般人が気軽に投資を開始できる。スイングなら最初は50万円からのスタートで十分です。

《スイングトレードのデメリット》

①突発的なアクシデントに弱い

日本市場が閉まっている深夜であっても、アメリカのＮＹ証券市場は開いています。ダウが暴落するようなことがあれば、当然、日本株も大きなダメージを受けます。

売却したくても時間がとれない場合、すぐに売却できず、逃げ遅れてしまうこともあります。

②ネガティブな決算発表やＩＲの影響を受けやすい

数日から1週間（あるいは2週間）というスイングのスパンの中、重要な経済指標や金融政策が発表され、それが株式市場にとって否定的であった場合、瞬時に対応できなくて、株価が大きく値を下げてしまうことがあります。

スイングトレードのメリット&デメリット

スイングトレードのメリット

長所その1

細かいファンダメンタル分析は不要!!

長所その2

ずっとスマホ画面を見ていなくてOK！

長所その3

数万円からでもスタートできる！

スイングトレードのデメリット

短所その1

突発的なアクシデントにはすぐ対応できない！

短所その2

予想を下回るような発表には手の打ちようがない！

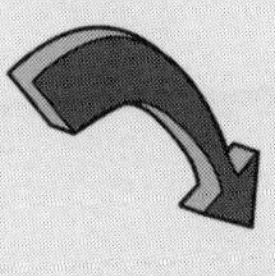

スマホ投資なら
スイングトレード
その05

投資をしながらビジネスに必要なことが身に付く
「スイングトレード」で世界が身近になる！

「トランプ大統領、FRBのパウエル議長を圧迫」

新聞にこんな見出しが載っていたとしましょう。

これだけでこの記事の背景が把握できたら、ビジネスマンとして一人前だと思いませんか？

2020年のアメリカ大統領選挙で再選を狙うトランプ氏が株価や景気の押上げのため、アメリカの中央銀行である米連邦準備制度理事会（FRB）に対し金融緩和への圧力を強めているという意味です。

これにはもちろん、ゼロ金利政策や量的緩和がなぜ景気の拡大をもたらすのか、基本的な仕組みを理解しておく必要があります。

パウエル議長は、トランプ大統領の要求に対して、「FRBは短期的な政治圧力から独立した存在だ」として、トランプ大統領の発言をけん制しています。

中央銀行とは、政治権力者の思惑から独立した存在でなくてはなりませんから、FRBの前議長であるイエレン氏は、「トランプ大統領は、中央銀行の責務を理解していない」と批判しています。

アメリカの経済状況が政策金利の引き下げを必要としているかは、判断の難しいところです。トランプ氏の発言はまた、中国をにらんだものでもあります。FRBが大統領の圧力に屈して、政策金利を引き下げれば、ドルは下落するでしょう。アメリカの輸出産業は大きな恩恵を受けることになります。

ドル安の影響で日本円は相対的に高くなり、日経平均株価はダメージを受けることになります。

株式投資を始めると、このような世界の政治や経済の仕組みを把握できるようになります。

スイングトレードで いつの間にか「情報通」！

EU 経済も
バッチリ！
米国経済
政治通！
発展途上国
の動向も
詳しくなる!
対国不安の
アンテナも
しっかり！
人口大国の
動きも把握！
資源国の
関係も
理解できる
スマホ投資してたら
情報通になっちゃった

コラム1

株はポイントで買える時代になった

今では、ネットで商品を購入したり、お店でサービスを享受したりすれば、ポイントが付いて来るのが当然のサービスになっています。

代表的なポイントサービスと言えば、「Tポイント」「dポイント」「楽天スーパーポイント」「Ponta ポイント」などが挙げられます。貯めたポイントはショッピングに使えるだけでなく、電子マネーと交換したり、現金に換えることもできます。

1ポイント＝1円で使えるなら、ポイントは、事実上、お金と変わらないということになりますね。

「それなら、ポイントで株を買えたらいいよね？」

そんな考え方から、貯まったポイントを使って株式などの売買ができる新サービスをネット証券各社がスタートさせています。

例えば、ポイントサービスで最大手の「Tポイント」では、SBIネオモバイル証券が、「ネオモバ」という投資サービスを提供しています。

ほかにも、「楽天ポイント」ならば、「楽天証券」で、「dポイント」ならば、「SMBC日興証券」でポイントを利用した株式投資が可能です。

「dポイント」では、「日興フロッギー」という新サービスもスタートしています。

ポイントで買った銘柄の株価が上昇すれば、売却して、現金に換えることもできますから、本物の「お金」を使った投資となんら変わるものはありません。

「ネオモバ」をはじめとして、スマホに提供されるアプリは、とてもシンプルな仕様になっていて、初心者でも簡単に使いこなすことができます。

【第二章】

「スイングトレード」で狙う株

スイングトレードで狙う株 その01

トレードの成功は銘柄選定にアリ

「ボラティリティ」と「出来高」の高さに注目

「ボラティリティ」（volatility）とは、株をはじめ、金融商品の価格の予想変動率のことです。「ボラティリティが高い」というのは、金融商品の価格の変動幅が大きいということを意味します。逆に「ボラティリティが低い」というのは、価格の変動幅が小さいという意味です。

「ボラティリティ」が高い銘柄は、1日の取引で、数百%の価格変動を見せることがあります。

スイングトレードでは、数日から1週間程度のスパンで取引を完結させるので、機動的な売買をするために値動きが大きい銘柄を買う必要があります。

しかし、「ボラティリティが高い」というのは、「値動きが荒い」ということでもありますから、銘柄選定には十分に注意を払わなければなりません。

「出来高」は、その日、売買が成立した「株数」のことです。「楽天証券 iSPEED」を起動してみましょう。「出来高」はチャートの下方に表示されるのが普通です。株式投資は、自分が売りたい株を誰かがより高値で買ってくれることで利益を得ることができます。「出来高」が小さいと、その銘柄は売買の件数そのものが少ないということで、投資家が保有している株を売りたいタイミングで、売却することができなくなってしまうことがあります。

また、「出来高」が小さい銘柄は、後述する「ダマシ」が多く出現する可能性が高くなります。

「スイングトレード」では、「ボラティリティ」と「出来高」の両方が大きい銘柄を狙うのが、定石であると言えます。

ボラティリティ＆出来高

ボラティリティ（予想変動率）が高い、低い例

ボラティリティが高いと…

数日間で
20%の利益
が出た！

ボラティリティが低いと…

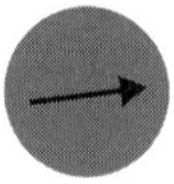

手数料引いて
1000円の
利益にも
ならない

出来高が多い、少ない例

出来高が多いと…

買いたい人も
沢山いるから
すぐ売却
できた！

出来高が少ないと…

注文出して
１週間になる
けどまだ
成立しないよ

スイングトレードで狙う株
その02

「スイングトレード」の基本用語
「エントリー」と「エグジット」

「エントリー」（Entry）とは、「入る（参加する）」、「エグジット（Exit）」とは、「出る（退出する）」という意味の英語です。スイングトレードでは、「エントリー」が株式を新たに購入してポジションを持つこと。「エグジット」がポジションを決裁して損益を確定することを意味します。利益確定ばかりではなく、やむなく損切をした場合も「エグジット」です。株式ばかりでなく、ＦＸなどでも使われる用語ですので、覚えておいてください。

スイングに限らず、株式投資の基本は、「どの銘柄を」「どのタイミングでエントリーして」「どのタイミングでエグジットするか」、これに尽きます。

どの銘柄を買うのか？　スイングの場合、前述のように「ボラティリティ」と「出来高」の大きい銘柄を選ぶようにするといいでしょう。

「エントリー」のタイミング。これを計るためには、「チャート分析」の技術が必須です。

「ローソク足」「単純移動平均線」だけでなく、ボリンジャーバンド、ストキャスティクス、ＭＡＣＤ《マックディー》などの「テクニカル系」の指標を活用します。

「エグジット」のタイミング。これも同様です。

極論ではありますが、「スイングトレード」で「ファンダメンタル分析」よりも「テクニカル分析」が重視されるということは、売買する銘柄は何でもいいということになります。要は、「株価が上昇し始めたら、エントリー」「株価が下落し始める前にエグジット」、つまり、「スイングトレード」は、タイミングがすべてと言っていいと思います。

エントリーしてエグジットする

株式取引で大切なのは…

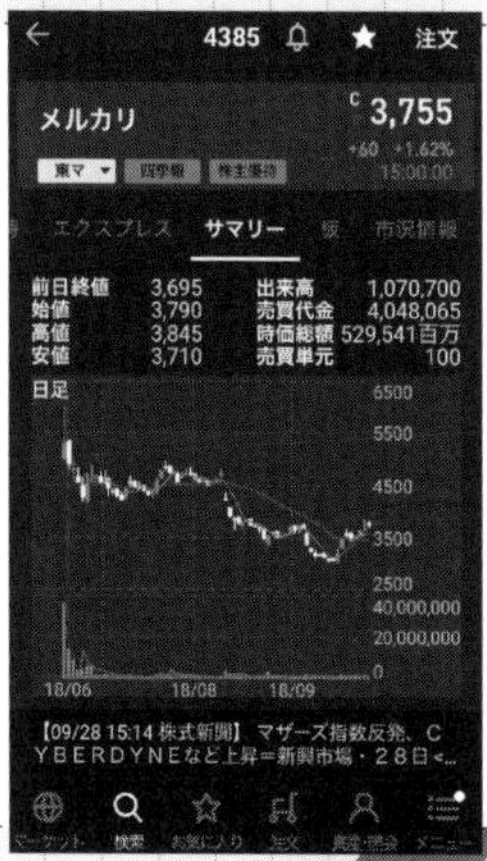

株の値動きを予想するために
指標を使って分析

分析の指標

ローソク足、
移動平均線、
ボリンジャーバンド、
ストキャスティクス、
MACDなど

※画像は楽天証券「iSPEED」より

エントリー
買い
保有

エグジット
売り
利益確定

どちらもタイミングがとても大切

スイングトレードで狙う株 その03

2万円以下の低位株で投資を分散
まずは10万円から実践開始！

株式市場には、10万円以下で買える低位株も多数あります。ですから、手元に10万円の資金があれば、気軽に株式投資を開始することができます。

楽天証券「iSPEED」のアプリで「10万円以下で買える銘柄」の一覧表を閲覧することができます。

株式投資には、「集中投資」と「分散投資」の2つのやり方があります。

自己資金が10万円でも買える銘柄は複数ありますが、1銘柄に絞れば、その株価が50％上昇すると5万円の利益。50％下落すると5万円の損失と、成績がダイレクトに反映されます。

しかし、自己資金が多くなれば、10万円以下で買える銘柄を数十種類、選択できることになります。銘柄選びの選択肢がそれだけ増えることになります。

同じ資金で多数の銘柄を購入できることから、いわゆる「分散投資」の効用を得られます。

たとえば、10万円の資金で2万円以下の低位株を5～10種類購入して、自分なりの「ポートフォリオ」を作成したとしましょう。為替が円高に振れそうなら、輸出関連銘柄のポジションを減らし、輸入関連銘柄のポジションを増やす。

また、ある企業が好業績を叩きだしたら、値動きのない株を損切して、いわゆる「ツレ高」を狙って、同業他社の株を仕入れる。このようなオペレーションが可能になります。

まずは10万円から実践し、100万円の資金による投資へとグレードアップしていきましょう。資金の余裕は心の余裕を生むと思ってください。

10万円から実践するとして…

楽天iSPEEDで検索してみたら…

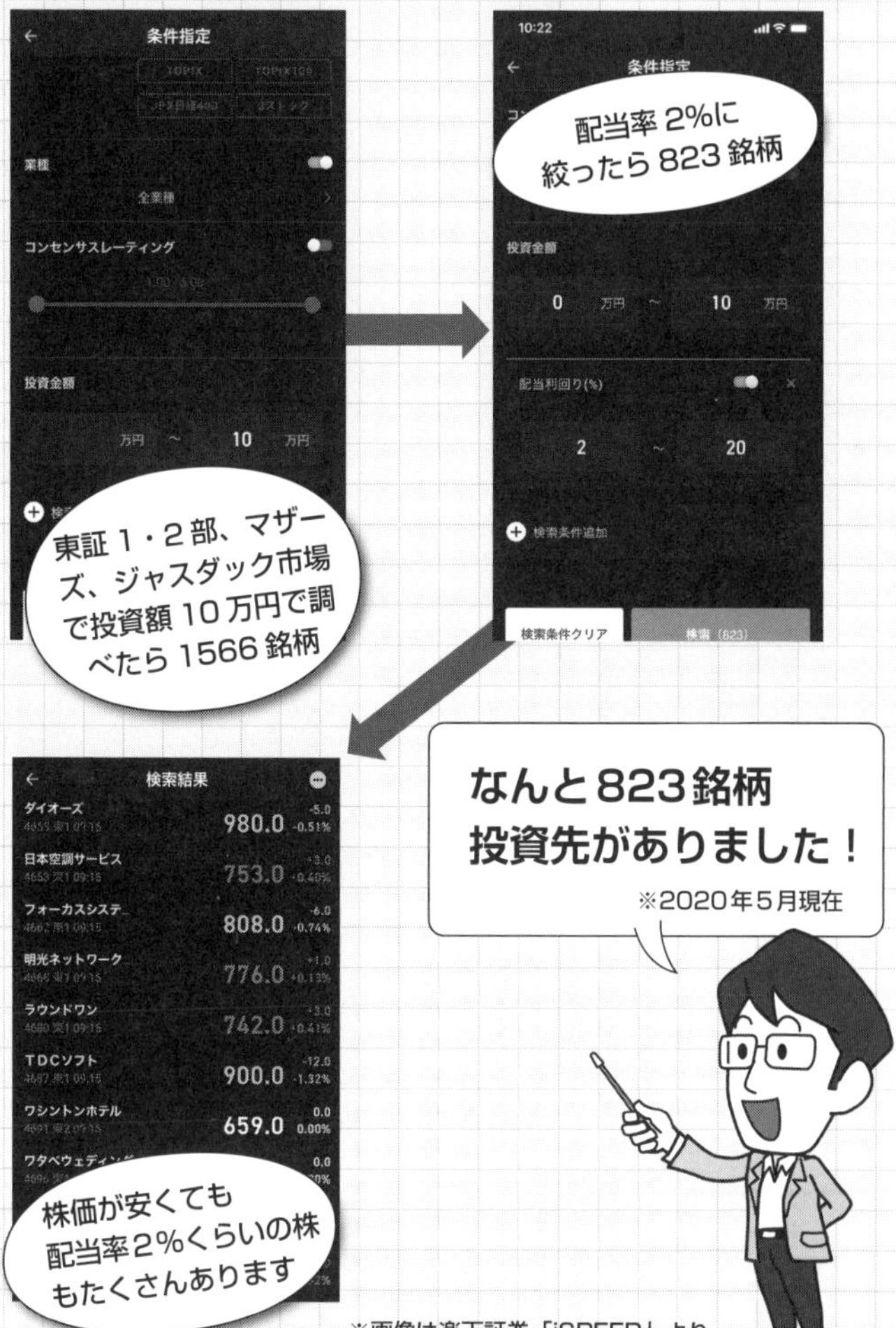

※画像は楽天証券「iSPEED」より

スイングトレードで狙う株 その04

「順張り」「トレンドフォロー」「イベント対応」が基本

「スイングトレード」の基本的戦略

「スイングトレード」は、「エントリー」と「エグジット」のタイミングがすべてであって、売買する銘柄の企業業績はあまり関係しません。

「安く買って、高く売る」のではなく、「上昇局面で買って、より高値で売る」という「順張り」を基本のスタンスとします。

上昇トレンドの初期段階で株を仕込み（エントリー）、トレンド反転の前に売却する（エグジット）、これが「トレンドフォロー」です。トレンドは「流行」とか「趨勢《すうせい》」と訳されますが、投資においては「値動きの傾向」のことです。テクニカル分析の指標で、「この株価はこれから上昇する傾向にある」と判断出来たら、その「値動きの傾向」に素直に乗っかるということですね。

「イベント対応」、株価に影響を与える出来事・事件は毎日、発生しています。「楽天証券 iSPEED」を起動させてみましょう。トップページに「本日の決算発表」の項目が表示されます。企業の決算発表で良好な業績が告知されたら、その企業の株は上昇する可能性が高いと言えます。

「景気の循環」や「企業業績」のほか、「決算発表」「金利の動向」「為替の変動」「戦争や自然災害」「有力政治家の発言」「天候」「TOB」など、多くのイベントが株価に大きな影響を与えます。

「スイングトレード」は、突発的なアクシデントの発生にとても弱いのです。ですから、「スイング」のトレーダーはイベントや株価に影響を与えることに、常に警戒し続ける必要があります。

スイングトレードは「順張り」で攻める！

「順張り」と「逆張り」

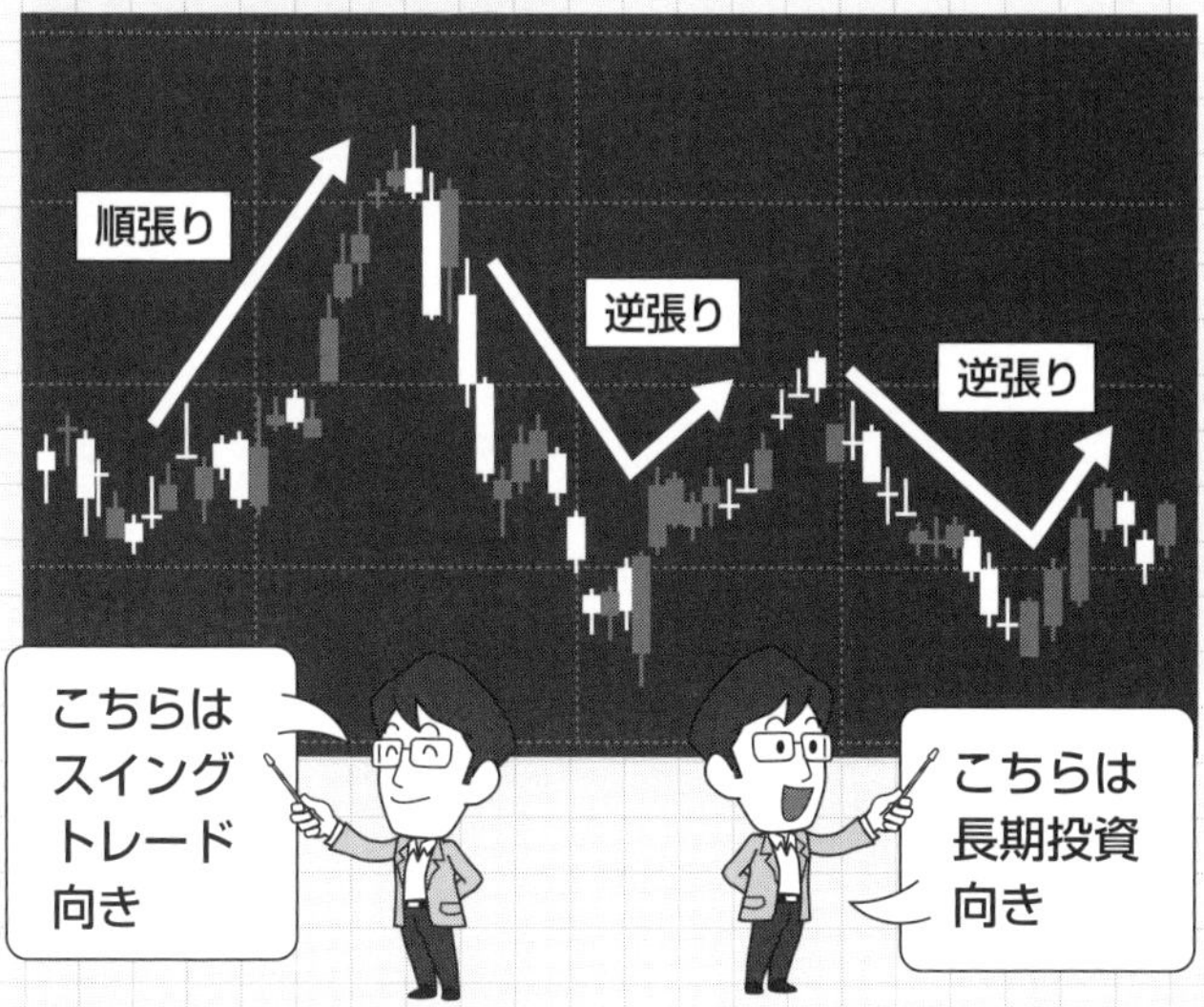

チェックすべきポイント

・決算発表
・配当の増減
・流行のきざし

スイングトレードで狙う株 その05

成功者は持っている「投資の型」
自分だけの「勝ちパターン」を身に付けよう

自分だけの「勝ちパターン」を身に付けるとは、自分が最も得意とする手法を持つということ。また、投資に対する自分なりの「型」や「軸」を確立するということでもあります。

場当たり的にエントリーして、成り行き次第でエグジット（利確・損切）してもうまくいきません。

将棋や碁、チェスの世界には、「定石」というものが存在します。「定石」とは、「こうすれば有利に戦える」と先人たちが苦労しながら開拓してくれた「勝ちパターン」であると言えます。

株の世界でも、先人たちが開発してくれた知恵を学び、成功の「型」を吸収すべきであると考えます。

学生時代に貯めたバイト代160万円を2000億円にまで拡大させた「生ける伝説」という方がいます。その方の手法はいたってシンプルです。すなわち、「順張りのスイングトレード」と「逆張りのスイングトレード」です。

上げ相場で出遅れている銘柄があれば、それを買うという順張り。逆に下げ相場で下げ過ぎた銘柄を見つけて、それを拾うという逆張り。

「生ける伝説」も何も特別なことをしているわけではなく、刻々と変化する相場の中で地合《じあ》い（値動き）を見極める能力、銘柄を選択する能力が天才的に際立っているということなのです。

そして、その方は、「自分だけの勝ちパターンでないと、絶対、勝てない」と明言しています。株の世界で成功している投資家たちの本を読んで、自分に合った手法を真似るのもいいかもしれません。

「勝ちパターン」のみつけ方のいろいろ

「勝ちパターン」の9つの例

pattern 1 テーマ株狙いは順張り向き	pattern 2 板情報をくまなくチェック	pattern 3 業績変化率でさぐる
pattern 4 直近IPO銘柄だけを見ていく	pattern 5 投資情報サイトの注目銘柄が基本	pattern 6 テクニカル分析を徹底的に
pattern 7 チャート分析だけでもいける	pattern 8 配当、優待の増減と権利がもらえる日をチェック	pattern 9 配当率の高い銘柄オンリーで

スイングトレードで狙う株 その06

投資資金を失う怖い病気
「ポジポジ病」に陥らない

「ポジポジ病」とは、株式やFXの世界で常に売買を続けていないと気が済まない病気のことを言います。「ポジ」とはポジションのこと、つまり、株式などの金融商品を保有することです。

「ポジポジ病」は特に初心者に多い病気です。

100万円の資金で利益が出れば売却。その資金で直ちに別の銘柄を購入する。損失が出たので、損切。戻ってきた資金で、損失をカバーするためにすぐに別の銘柄を購入。そうやって、常に投資資金いっぱい、売買を繰り返してしまう人たちがいます。

「ポジポジ病」は概ね、以下の3つの症例に分類できると思います。

①とにかくトレードが楽しくてたまらない

株式投資を始めたら、面白くてたまらず、寝食を忘れて株にのめり込む「ポジポジ病」患者。

②「機会逸失の恐怖」

チャートを眺めて、良さそうな銘柄を発見。「チャンスを逸したくない」と買い急ぐ「ポジポジ病」患者。

③損失を早くリカバリーしたい

損失が出てしまったので、それを取り戻したい。「株の損は株で取り返す」と焦る「ポジポジ病」患者。

①は「熱くなり過ぎ」、②は「売買を急ぎ過ぎ」、③は「負けを取り戻そうと焦り過ぎ」です。

「ポジポジ病」は、資金を大きく失ってしまう病気ですので、特に初心者は要注意。

「ポジポジ病」を避けるための最も良い処方箋は、「勝てそうな時にしか、勝負しない」、このマイルールを厳密に守ることしかないと思われます。

あなたはポジポジ病ですか？

ポジポジ病チェックリスト

あなたがポジポジ病にかかりやすいか、チェックしてみましょう。「YES」が2個以上あったら要注意です。

	YES	NO
■スマホを手にしたら株式投資アプリをすぐ開いてしまう	□	□
■日経平均が上昇していくと、持ち株が少ないと取り残され感が生まれる	□	□
■勤務中でも株価が気になる	□	□
■投資金額はほとんど使用してしまう	□	□
■「休むも相場」なんて知らない	□	□
■損失が出たら、すぐ取り返そうとする	□	□
■チャートを見て、こんなチャンスは2度とないと思うことがある	□	□

コラム2

2022年 高校で資産形成の授業スタート

「学習指導要領」の改定により、2022年から、高校で金融教育が実施されることになっています。

科目は何と、「家庭科」。

これからの高校生は、「家庭科」で、お裁縫や調理実習ばかりでなく、資産形成を学ぶ時代になっていくということですね。

「学習指導要領」の改定は、文科省の中央教育審議会の審議を経て実行されたもので、未来を担う子供たちがこれからの時代をたくましく生きていけるよう、必要な能力や資質を養うことを目的としています。

これまでも高校の「家庭科」では、最低限の「お金」に関する教育は存在しましたが、それは「浪費をしない」「詐欺に気を付ける」という消費者の立場に立ったものでした。

「新学習指導要領」では、「お金を守る」ばかりでなく、積極的に金融商品を活用して、資産を形成していく、つまり、「お金を増やす」ことを生徒に指導するという、踏み込んだ内容になっています。

日本人の資産は大半が預貯金で占められていて、欧米と比較して、「投資」の割合がとても低いのが現状。

この超低金利の時代、もったいないことです。

「預貯金」「株式」「投資信託」「債券」「保険」など、各種の金融商品の基礎を学び、そのメリットとデメリットを理解したうえで、自分に最も適したライフプランを構築する……。今、株式投資を楽しんでいる私たちもさらに精進したいものです。さもないと、十代で金融リテラシーを身に付けた若者たちに、あっという間に追いつかれ、追い抜かれるかもしれませんよ。

【第三章】

「スイングトレード」の心構え

スイング トレードの心構え その01

最良の召使にして最悪の主人

そもそも「お金」ってどういうもの？

あるフランスの格言をご紹介します。

「金は最良の召使にして、最悪の主人である」

事業で成功した裕福な実業家が、50歳の誕生日をきっかけにギタリストに転身しました。

本当はミュージシャンになりたかったのだけれど、音楽で食べていくのは大変ですから、別の仕事をしていた。しかし、家族とともに安心して生きていける資産を形成できたので、残りの人生をギタリストとして生きていくことに決めたそうです。

本人曰く、

「ほかの仕事をやって得られる1000万円より、ギター演奏で頂ける10万円の方がうれしい」

この人は、お金の「主人」でしょうか？　それともお金の「召使」でしょうか？　この人は立派なお金の「主人」であると考えます。

一方、莫大な資産を持っていても一切、使おうとせず、預金通帳を眺めて悦に入っているという人たちもいます。こういう人は、お金の「召使」、いえ、預金通帳の残高の「奴隷」であると考えます。

もちろん、1000万円と10万円では価値が異なります。月に100万円あれば、楽に暮らせますが、10万円では生活が大変です。

前述の人物もお金が貯まるのが、10年早かったら、40歳でアーリーリタイアしてギタリスト人生をエンジョイできたかもしれません。

お金で幸せを買うことはできません。しかし、お金があれば、安心して幸福を探しに出かけることができます。

お金のコントロールが一番大切

お金はどう使うかが重要

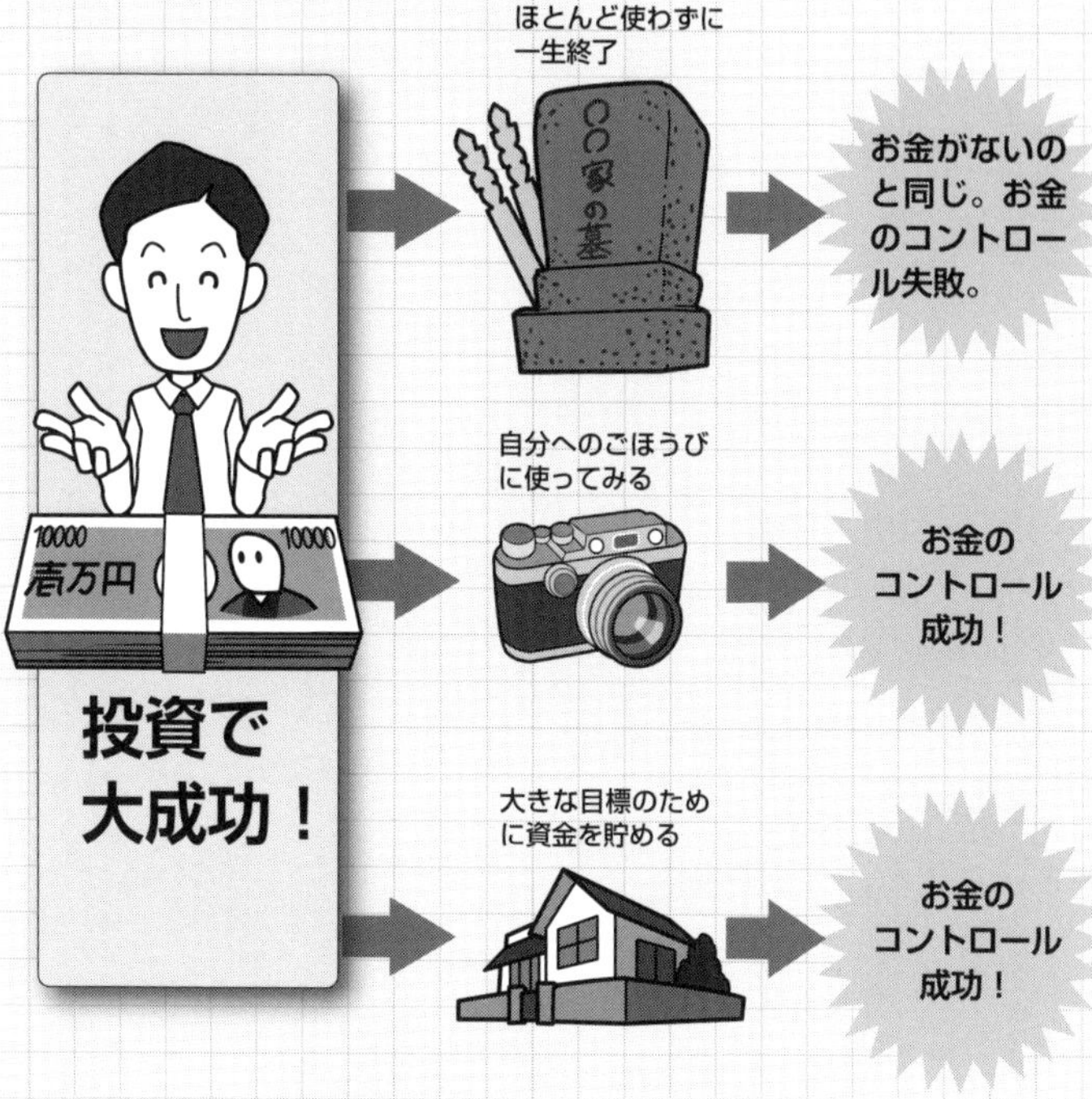
10000
壱万円
10000
投資で
大成功！
ほとんど使わずに
一生終了
〇〇家の墓
お金がないのと同じ。お金のコントロール失敗。
自分へのごほうび
に使ってみる
お金の
コントロール
成功！
大きな目標のため
に資金を貯める
お金の
コントロール
成功！

貯めるけど
使うことも
します
旅行が大好きなんです

ちなみに著者・矢久の昨年の
利益使用先は…、

・海外旅行５回
・国内旅行　延べ40日間

スイングトレードの心構え その02

攻撃だけじゃなく、守りも大切

「スイングトレード」はボクシングだ！

誰にとっても、お金が儲かるのですから「利確（利益確定）」は楽しいもの。逆に「損切」は辛いもの。お金を損するだけでなく、「お前の判断は間違っていた」と思い知らされるわけですから。

トレードを10回実行して、6勝4敗。それぞれ、1万円ずつ、利益と損失が出たとしましょう。勝ち分が6万円、負け分が4万円ですから、トータルで2万円の利益です。

勝率を向上させて、10回のうち、7回勝てるようになれば、利益は4万円になります。

また、1勝9敗でもいいのです。1回、10万円勝って、残りの9回を1万円ずつ負けたとしても、トータルすれば、1万円の利益ですね。1回の勝ち分が15万円ならば、利益は6万円です。

4勝6敗で勝率は冴えないけれど、4回は1万円ずつ勝利、6回は5000円ずつ敗北とするなら、トータルの成績は、1万円のプラスになります。

損失を3000円に減らすことができれば、利益は2万2000円です。つまり、スイングで利益を出すためには、①勝率を上げる　②1回の勝ち分を大きくする　③1回の負け分を小さくすること。

ただガンガンに攻めるだけでなく、いかにして上手に負けるかが極めて重要になってきます。

ボクシングでは、ジャブ、ストレート、フック、アッパーといった攻撃の技術とともに、パーリング、ブロッキング、バックステップ、ウィービング、ダッキングという防御の技術も必要とされます。

「スイングトレード」も同じことなのです。

株式投資に全勝はありえません

投資で利益を出す考え方とは？

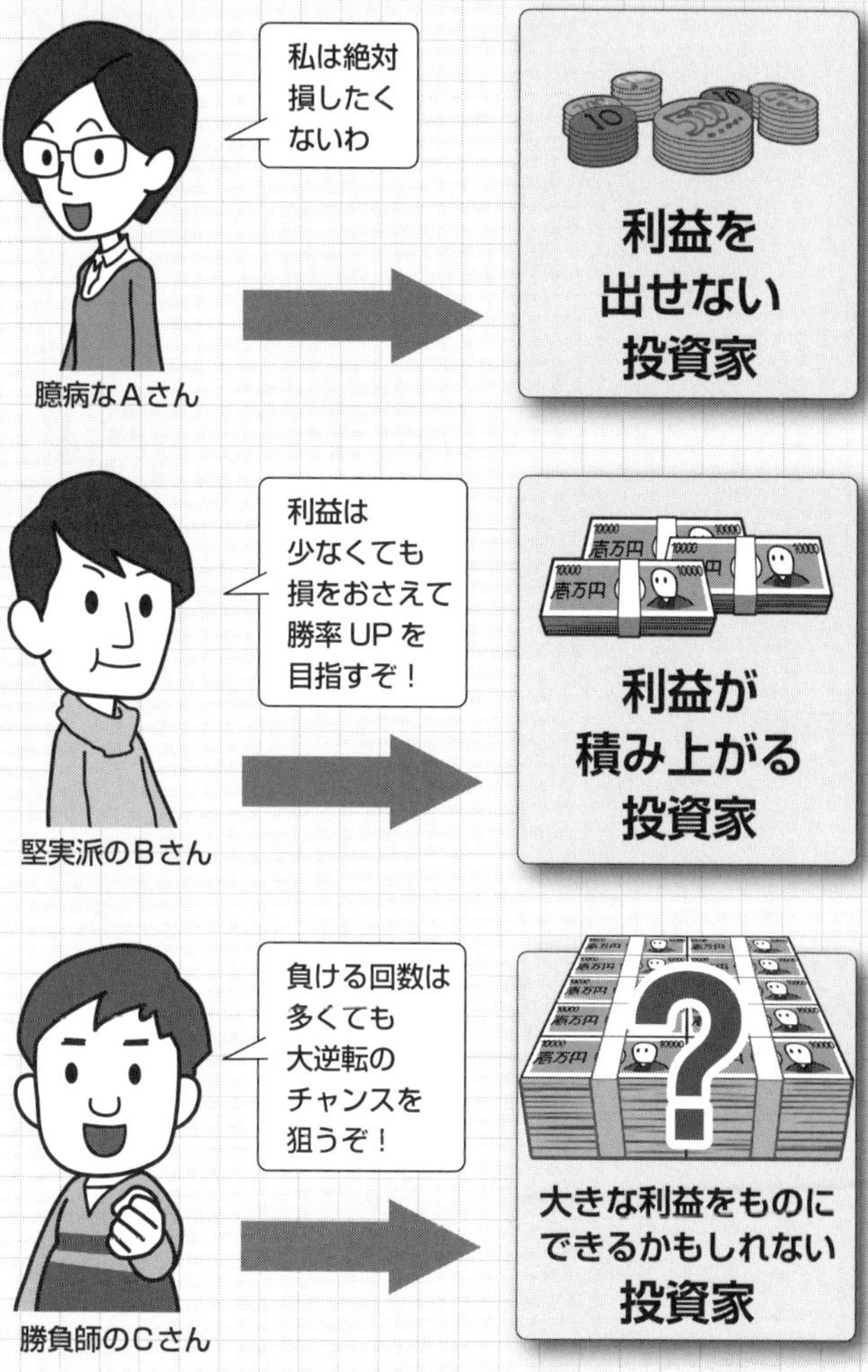
私は絶対損したくないわ
利益を出せない投資家
臆病なAさん
利益は少なくても損をおさえて勝率 UP を目指すぞ！
利益が積み上がる投資家
堅実派のBさん
負ける回数は多くても大逆転のチャンスを狙うぞ！
大きな利益をものにできるかもしれない投資家
勝負師のCさん

スイングトレードの心構え その03

ベストなトレードをするために…
マイルールを決めてそれに従う

人間は本当に弱いもの。そして、株価は、必ずしもあなたの思惑通りには動いてくれないものです。買った株が大幅に値上がりしたとしましょう。「ここで売るか?」「だが、まだまだ上がるかも…」そう悩みぬいて、「利食い千人力だ」と利確してみたら、翌日から連日のストップ高。

逆に下落の局面では、「早く売らないと大損だ」「いや、今が底でここから反転するかも……」と苦しんだ挙句、ナンピンを入れたら、二番底。

「買値より10%上昇したら利確。同じく、買値より10%下落したら、潔く損切りする」など、マイルールを決めて、厳密にそれを守り続けていかないと、ノイローゼになってしまいます。

マイルールは、「利確」「損切」のタイミングだけでなく、「成行で売る場合は、必ず、逆指値を入れて保険をかけておく」「株式投資に投入する資金は、月収の25%までにする」「利益が出たら、すぐに使わず、最低50%は株式投資の資金に再投下する」「地合いが読めない時は、トレードを休む」など、自分にとっての決め事もマイルールに含めます。

思い付きで買った銘柄がたまたま、大きな利益を出したとして、それに味を占めて、また同じことをしたら、今度は痛い目に遭う可能性が高いです。

ベストなトレードとは、まぐれ当たりで利益を出すことではなく、自分の決めたルールで1日の取引を完了できることです。たとえ、その日は損失が出たとしても、その経験の積み重ねがあなたをトレーダーとして成長させていくことになります。

マイルールは
投資家としての絶対条件

矢久のマイルール紹介

1. 買いはローソク足の形状とオシレーター系のゴールデンクロスで決める

2. ボリンジャーバンドの－3σラインの株価に指値買い注文を入れる

3. 持ち株は－5%の損切

4. 利確はローソク足の形状の「売りサイン」も参考に。特につつみ線、上ヒゲがポイント

5. 下がっているトレンドラインには手を出さない

6. アプリへの登録銘柄は 1ヶ月くらいで入れかえる

7. キャッシュは持ち株と同額程度は緊急用に口座に置いておく。暴落時に買い出動するため。

スイングトレードの心構え その04

複利でコツコツ貯めれば資金は倍増！
細かく利益を出し続けることを習慣にする

「株をやって、1年間で100万円が120万円になったけど……意味があるの、これ？」

大いにあります。1年で20％の勝率を上げて、それを5年継続することができたら、あなたはウォール街で働けますよ。

試しに電卓を叩いてみて下さい。電卓に「100」と打ち込んで、「×」を押してから、「1・2」と打ち込んで「＝」を押します。答えは「120」ですね。もう一度「×1・2」と「＝」を押してください。「144」という数字が表示されました。100万円の資金を1年間で1・2倍にでき、その資金をまた1年間で1・2倍にできたので144万円になった。同様の作業を5回繰り返してみましょう。最初の100万円は、248万8320円に、つまり5年間で2・5倍にできました。

20世紀最大の物理学者であるアインシュタインは、「宇宙で最も強力な力は何でしょうか」と訊かれ、「複利です」と答えています。

年率6％で資金を回せれば、12年で投資資金を2倍にすることができます。ちなみに、年率0・01％の銀行預金なら、7200年かかります。

資産形成は、じっくりと時間をかけて長期的な視点で取り組む方が、失敗がないことは確実です。「損切」の場合も、例えば、100万円の投資で、30万円の損失が出たとして、一度に30万円を取り返そうと、残りの70万円を特定の銘柄に突っ込んだりせず、3万円ずつ利益を上げて、10回かけて損失を埋めるようにしましょう。

目指せ！ 複利で億万長者！

スタート資金100万円ならば…

	年間利益20%の場合	年間利益10%の場合	年間利益5%の場合
1年目	1,200,000円	1,100,000円	1,050,000円
2年目	1,440,000円	1,210,000円	1,102,500円
3年目	1,728,000円	1,331,000円	1,157,625円
4年目	2,073,600円	1,464,100円	1,215,506円
5年目	2,488,320円	1,610,510円	1,276,282円
6年目	2,985,984円	1,771,561円	1,340,096円
7年目	3,583,181円	1,948,717円	1,407,100円
8年目	4,299,817円	2,143,589円	1,477,455円
9年目	5,159,780円	2,357,948円	1,551,328円
10年目	6,191,736円	2,593,742円	1,628,895円

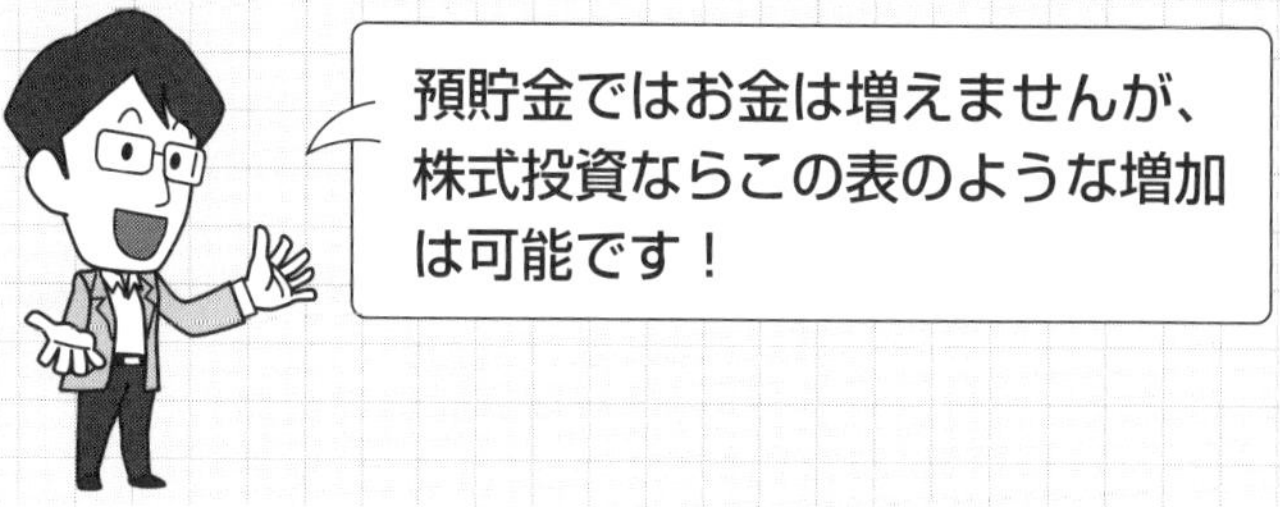
預貯金ではお金は増えませんが、株式投資ならこの表のような増加は可能です！

スイングトレードの心構え その05

必要資金と投資資金はしっかり分ける

絶対必要な資金でトレードは行わない

何のために株式投資を始めたいのですか?

「マイホームの頭金にしたい」「子供の教育費を稼ぎたい」「老後資金を増やしたい」「お金が儲かったら、海外旅行に行ってみたい」

株をやる目的、株をやる楽しみは色々ですね。

一方、リスク性の高い株式投資に、失敗が許されない資金を投入するのはやはり、危険です。

マイホームを考慮したいなら、住宅金融支援機構に事前審査を申し込むとか、「子供の教育費」なら、自分に不測の事態があった場合も、子供が安心して学業を全うできるよう、保険会社の「学資保険」に加入しておくとか、自営業者で「老後資金」が不安なら、「国民年金」の他に「国民年金基金」に加入するとか、401K(確定拠出年金)を考えるとか、そういうのは、トータルのマネープランで検討するべき問題であると思うのです。

使用する目的が明確な資金を株式投資に投入するのは、避けた方が賢明です。

余裕資金で楽しく株式投資をやりながら、必要な勉強を続けて、政治・経済・国際問題など、株価に大きな影響を与える現象を分析する能力を培う、そしてそのことがビジネスマンライフに大きく貢献する。それが理想であると考えます。

ジョージ・ソロスは、「まずは生き残れ。儲けるのはそれからだ」という名言を吐いています。

1年間で10万円しか利益が出せなくても、トータルでプラスに持っていくこと、これが何より大切です。

投資で儲かったお金の使い道と投資に使ってはいけないお金

儲かったお金の使い道

投資に使ってはいけないお金

スイングトレードの心構え その06

投資家がハマる「コツコツドカン」の罠
「プロスペクト理論」を知っておこう

「プロスペクト（Prospect）」とは、「期待」とか、「予想」という意味。結論から言えば、人間は「利益を得られる局面では、それを確実にする方を優先する」、逆に「損失を被る局面では、それを回避したがる」、そういう性向を備えているということです。

あなたがあるギャンブルをやるとしましょう。

「サイコロを投げて丁（偶数）なら、10万円もらえる。半（奇数）なら、1円ももらえない。参加しないなら、無条件で5万円もらえる」

どうです。まず、ギャンブルに参加せず、確実に5万円ゲットを望むのではないでしょうか。

「サイコロを投げて、丁（偶数）ならば、10万円を支払う。半（奇数）ならば、払わなくていい。参加しないならば、無条件で5万円を支払う」

こんな条件ならば、5万円の支払いが嫌で、ギャンブルに賭ける方を望むのではないでしょうか？

前者の場合、期待値はともに＋5万円。後者の場合、期待値はともに－5万円で数学的に同じです。

株式投資に当てはめると、「利確はできるだけ早く、確実にしたい」「損失はできるだけ先延ばしにしたい」ということです。利益を小刻みに確定する一方、損切が嫌で、ずるずると相場を引きずり、最終的に大きな損失を出してしまう……。

株の世界では、これを「コツコツドカン」と言います。コツコツ利益を出して、ドカンと大損という意味です。「スイングトレード」の要諦である「損小利大」を目指すには、「プロスペクト理論」の罠を克服する必要があります。

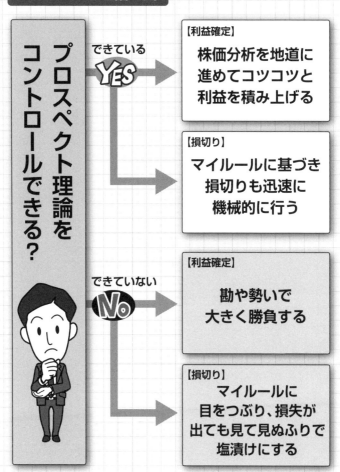

プロスペクト理論をコントロールするために

プロスペクト理論の罠

プロスペクト理論をコントロールできる？

できている YES →

【利益確定】
株価分析を地道に進めてコツコツと利益を積み上げる

【損切り】
マイルールに基づき損切りも迅速に機械的に行う

できていない NO →

【利益確定】
勘や勢いで大きく勝負する

【損切り】
マイルールに目をつぶり、損失が出ても見て見ぬふりで塩漬けにする

スイングトレードの心構え その07

投資で勝つには価値観の確立が重要

マインドセットを徹底しよう

マインドセットとは、経験や教育など過去の経験から生まれる個々人の考え方、感じ方、価値観、先入観、思い込みなどを言います。個人ばかりではなく、企業などのマインドセットも存在します。企業の場合、その会社が持つ社風や経営理念が一般社員にまで浸透していくことが多いものです。

投資のテクニックやノウハウと言った、具体的な手法を「スキルセット」と言います。

これに対して、投資に取り組む根本的な姿勢や態度を「マインドセット」というのです。株式投資に対して、自分なりの価値観を確立しておくことは、とても大切です。

株式投資で最も重要なことは、自分が決めて投資の規律を守り、常に一貫した行動をとり続けることです。一例をあげるとしたら、

「地合いが読めない時は休む」「よく分からない銘柄には手を出さない」「失敗したら、きちんと記録して、原因を探る」「常に身の丈に合った金額しか投入しない」「1日、1時間は株式の勉強に充てる」「株にはまりすぎて、他人とのコミュニケーションをおろそかにしたりしない」等々。

こういう株式投資に対する基本的な姿勢・態度を持ち続けるだけでなく、自分にとって、最も快適なトレードのスタイルを決めて、それを厳密に守る。

例えば、トレードの勉強は月曜日から金曜日まで平日しかやらないと決める。土日は、仕事も投資も忘れて、英気を養うため、ひたすら遊ぶ。

これが長続きのコツだと思います。

株式投資でとても大切なマインドセット

勝者になるための８つの鉄則

【鉄則その①】
市場の流れがよくわからない時は投資は休む

【鉄則その②】
研究していない銘柄は勢いで飛びつくとケガのもと

【鉄則その③】
利益が出たらその利用先を明確にしておく

【鉄則その④】
損失が出たときはその理由を解明しておく

【鉄則その⑤】
全額投資や借金してまでの投資はケガの確率が高い

【鉄則その⑥】
投資に充てる時間は本業にさしさわりない程度にしておく

【鉄則その⑦】
家族、友人、会社との付き合いをおろそかにしてまでやらない

【鉄則その⑧】
アプリへの銘柄登録は管理できる数だけにしておく

スイングトレードの心構え その08

「損小利大」を徹底しよう「トレーリングストップ」の活用

「損小利大」とは、そのまま「損は小さく、利益は大きく」という意味です。簡単な方程式で表すと、「(勝率×平均利益)－(敗率×平均損失)＝期待値」りますｑ。

この期待値をプラスにすればいいということになります。54ページで説明したことと重なりますので、ここでは別の視点で「損小利大」を見てみたいと思います。ご紹介するのは、「トレーリングストップ」という注文の方法です。

①**「売り」の場合**……売りたい銘柄の株価が上昇している場合、売値を自動的に切り上げる。逆に下落している場合、指定しておいた逆指値で自動的に売却する。

②**「買い」の場合**……買いたい銘柄の株価が下落している場合、買値を自動的に切り下げる。上昇している場合、指定しておいた逆指値で購入。

「トレーリングストップ」の最大のメリットは、株価上昇の局面で「売り」の場合なら、逆指値で保険をかけながら、株高の勢いに乗って利益を最大限にまで伸ばし続けることができる点です。

このあたりが、売買のレンジをあらかじめ決めておく「逆指値付き正常注文」とは異なります。

残念ながら「楽天証券 iSPEED」には、まだこの「トレーリングストップ」の機能が実装されていません。いずれ実装されるのではないでしょうか。しかし、楽天証券のパソコン用ソフト、「MARKETSPEED」には搭載済みです。スマホと併用して、パソコンでも楽天証券をご利用のユーザーは、ぜひこの便利な機能を活用してみてください。

トレーリングストップとは？

トレーリングストップの実例

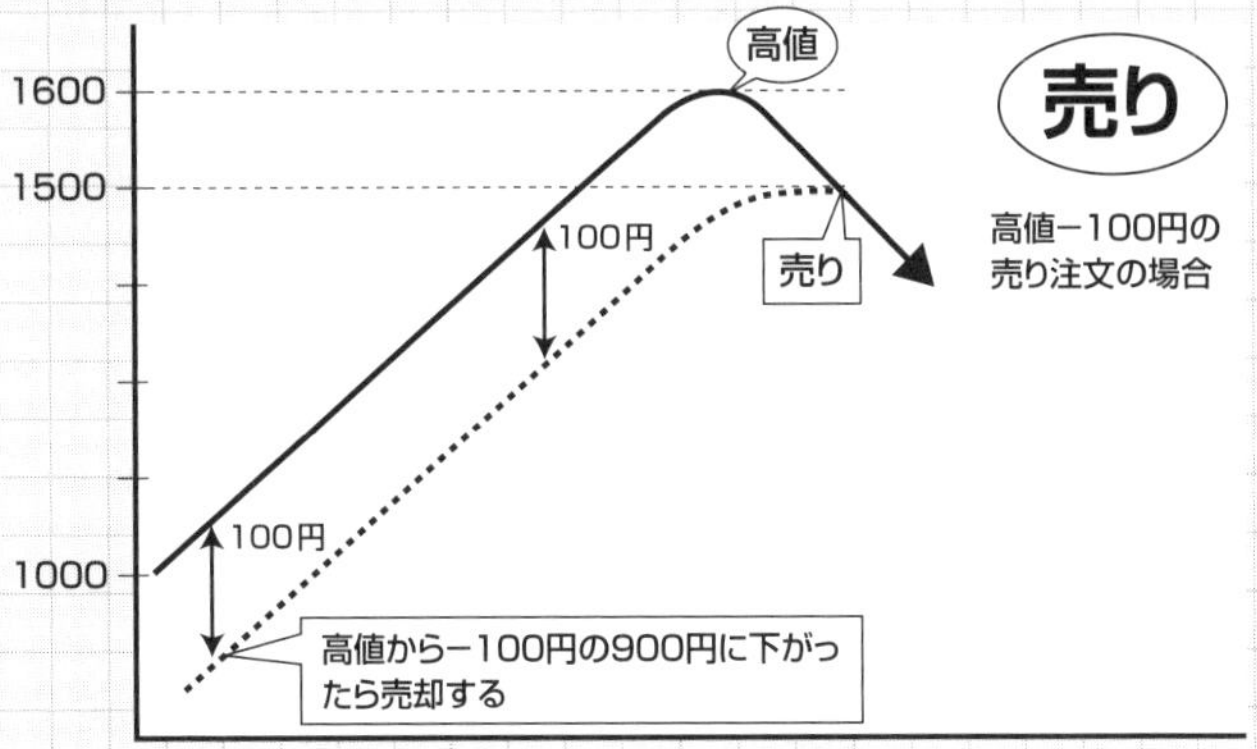

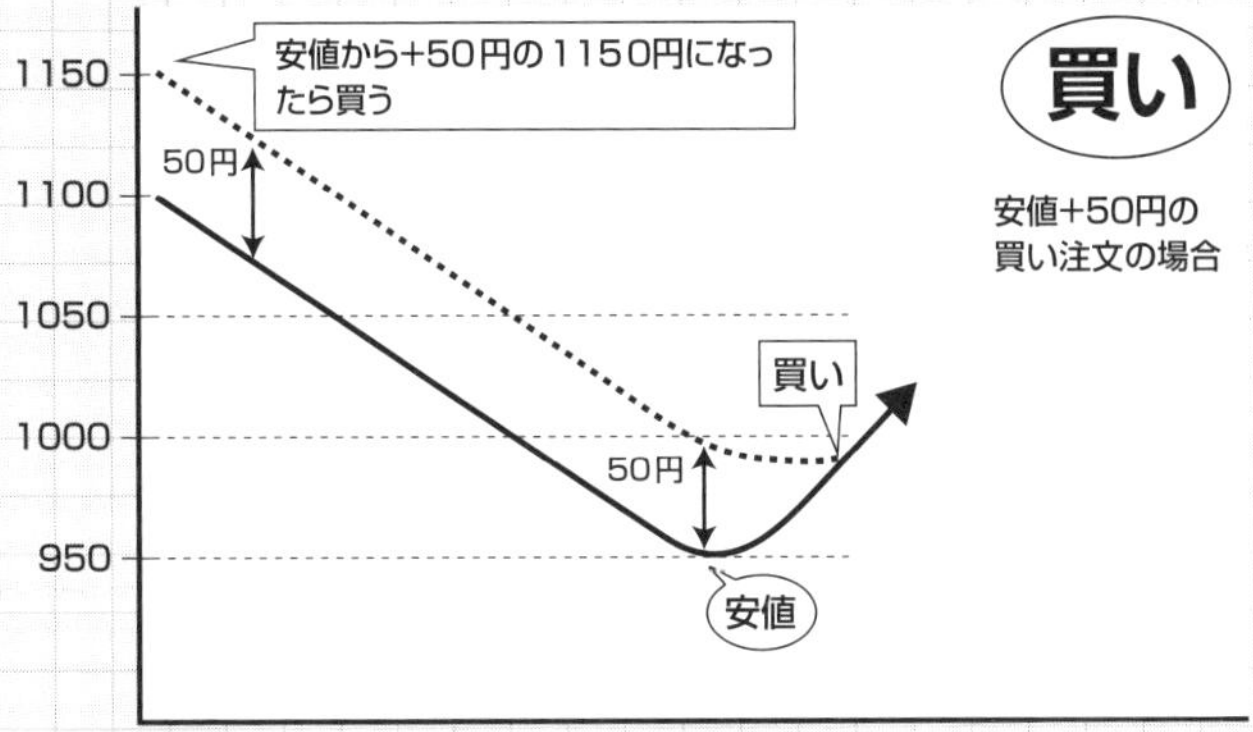

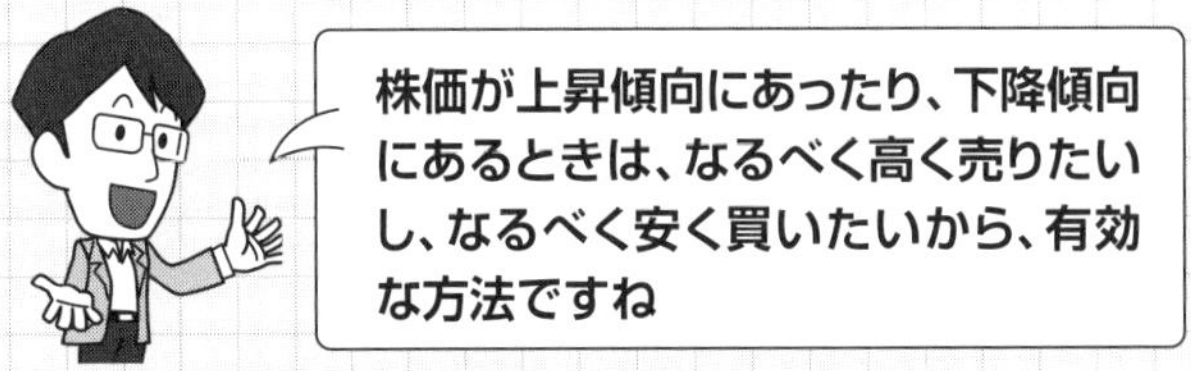

スイングトレードの心構え その09

臆さず上級者に交じって学ぶが吉！「能をつかんとする人」になろう

「能をつかんとする人、『よくせざらんほどは、なまじひに人に知られじ。うちうちよく習ひ得てさし出でたらんこそ、いと心にくからめ』と常に言ふめれど、かく言ふ人、一芸も習ひ得ることなし」

（以下略、吉田兼好『徒然草』150段目）

吉田兼好の『徒然草』から拝借しました。とても示唆に富んだ警句です。その大意は、

「芸事を習おうとする人は、『ヘタクソなうちはこっそり練習しよう。ある程度、見られるようになってから他人に披露しないと恥ずかしい』といった考えでは、何も身に付かない。初めから上級者に混ざって、馬鹿にされたり、笑われたりしても平気で練習を続けたら、特別な才能などなくても、我流に陥ることなく上達できるだろう。才能があっても努力しない輩より実力は伸びて、ついには名人上手と呼ばれるようになるだろう」

日本人は英会話が苦手です。それは日本人の言語能力が劣っているからではなく、恥ずかしがり屋で完全主義社だからだと思います。「完璧に英会話ができるようになるまで、他人には黙っていよう」などといった考え方を吉田兼好は、バッサリと切って捨てるのです。株式投資も同じです。初心者の頃から、恐れずベテランたちに交わるようにしましょう。「ダウって何？」と言って、失笑されてもめげないこと。そうすれば、投資の才能がなくても、我流に陥ることなく、少しずつ、上達していくことができますよ。

早く一人前の投資家になるのはどっち？

コツコツ型

失敗するのが恥ずかしい

↓

勉強することは沢山あるし、マスターしてからでないと人に話すのも恥ずかしい

↓

１人ですべてを解決していく

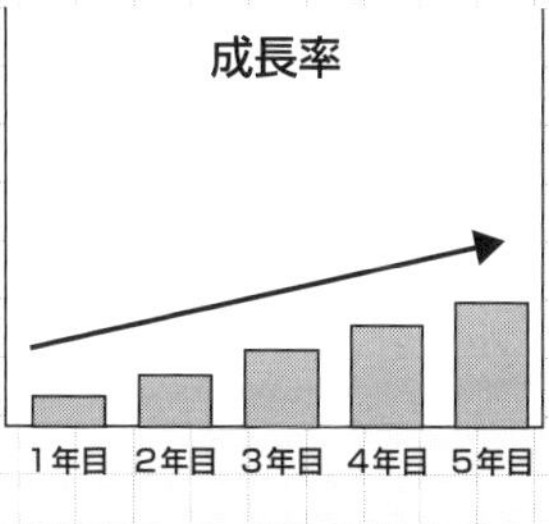

まいしん型

失敗してもくじけない

↓

早くテクニックを習得するには、マスターしている人から学ぶのが一番だと思う

↓

上級者、先生などの経験をどんどん聞いて吸収していく

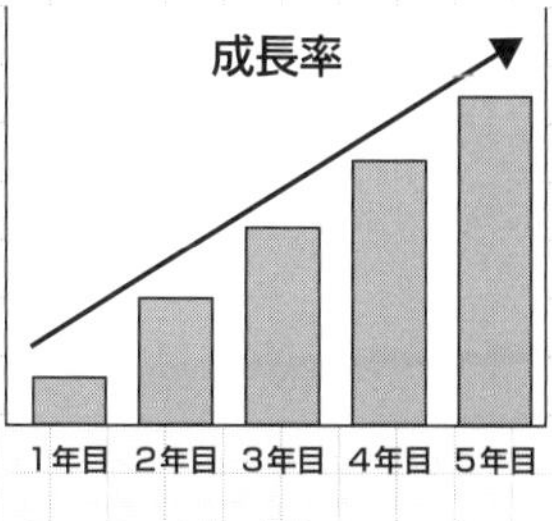

どちらを選ぶかはあなた次第です！

スイングトレードの心構え その10

投資スキルを上達させてくれる「メンター」「株友」を持とう

初心者の頃から株式投資のセミナーやサークルに参加して、個人投資家たちから教えを請うたり、刺激を受けたり、情報を交換したりすることはとても大切です。

もちろん、「こんなに損しちゃった」などと傷の舐めあいをしても、何の発展性もありませんよ。

各証券会社では、全国各地で投資セミナーを開催している所もあります。セミナーの講義だけでなく、セミナー終了後の飲み会などで、他の個人投資家たちと知己を得ることができれば、それだけ世界が広がります。先輩投資家たちからは、色々なことが吸収できるはずです。成功例ばかりではなく、とても貴重な失敗談を聞けるかもしれません。

投資のスタイルは、人それぞれ。先輩投資家たちのやり方を聞いて、自分の投資に活かせないか、常にアンテナを張っていてください。楽しい会話の中から、これまで気が付かなかった「チャートの見方」「データの取り扱い方」「ニュースのどこを見るのか」など、多くの示唆を得られるはずです。

彼らの中には、「この人からもっと多くのことを学びたい」と思える優秀な個人投資家がいるかもしれません。そんな人はあなたの「メンター」になってくれます。また、ずっと付き合っていける「株友」を得られるかもしれませんよ。

そういう先輩投資家たちと積極的に交流することによって、あなた自身の投資家としてのステータスがあなたの周りの人たちの水準まで引き上げられていくはずです。

「メンター」や「株友」でステップアップ！

セミナー　サークル
SNS

株友

セミナー　サークル
学校

メンター

↓

成功事例、テクニック、新しい情報、失敗した時の対処法などを聞く

↓

1人で学ぶより、早く理解できて、早く利益を上げる手法を身に付けられる

メンター、株友を作りましょう！

コラム3

ネット証券の口座数が急拡大

コロナウイルスのパンデミック（感染爆発）により、世界各国でロックダウン（都市封鎖）が実施されるなど、世界経済が受けた被害は想像を絶するものがあります。23000円から24000円で安定的に動いていた日経平均株価は、コロナショックであっさり、2万円台を割り込み、一時は16000円台まで下落しました。パンデミックによって、実体経済が甚大なダメージを受けたのですから、この暴落は当然です。

しかし、その後、株価は順調に回復を続け、また2万2000円から2万3000円に値を戻しています。実は、株価の大幅な下落でネット証券を中心に、証券口座の開設が急拡大し、また、それまで休眠状態にあった口座が再び活動を開始したという、注目すべき現象が生じています。これは、

①証券市場に大量のニューカマーが参入してきた。
②トレードを一時、中断していた投資家たちが株価の暴落によって、今こそ、投資を再開するチャンスとみて動き始めた。

こういうことであろうと思われます。

ネット証券では20〜40代の世代を中心に運用益が非課税になるNISAの申し込みも急増。また、個人型確定拠出年金のイデコの契約件数も驚きの伸びを示し、個人投資家の高い関心度を表しています。

新たに株式投資をスタートさせようとする現役世代は、店舗における大手証券や銀行ではなく、手続きが簡単で手数料が安いネット証券を選択する傾向が強く、対面取引を主とする大手証券や銀行は苦戦しているのが現状です。

【第四章】

株の基本を復習しましょう

株の基本を復習しましょう その01

株式投資の基本中の基本をおさらい

「株」で儲けるってどういうこと？

企業が新しい事業を始める時、当然、大きな資金を必要とします。この資金を調達するため、銀行から融資を受けることを「間接金融」と言います。

一方、企業が広く投資家たちに投資を呼びかけ、事業に必要な資金を募集することを「直接金融」と言います。「株式」とは、企業が事業資金を出資してくれた投資家たちに発行する証明書のことです。

株で利益を上げるためには、3通りの方法があります。値上がり益（キャピタルゲイン）、「配当（インカムゲイン）」「株主優待」の3つです。

「値上がり益」とは、ある銘柄を安値で買って、高値で売り抜け、その差額を利益にするということ。「配当」は業績が好調な時、事業資金を出資してくれた株主に対する「分け前」のことです。

「株主優待」とは、株を買ってくれた投資家たちに対する一種の贈答品のことです。

日本には現在、「東証（東京証券取引所）」、「札証（札幌証券取引所）」、名証（名古屋証券取引所）」、「福証（福岡証券取引所）」の4か所の証券取引所が存在しています。特に東証は、「東証一部」「東証二部」「東証マザーズ」「JASDAQ」「TOKYO PRO Market」の五つのカテゴリーに分かれています。

東証の場合、9時～11時30分の取引時間を「前場」といい、「前場」のスタートを「寄り付き」と言います。12時30分～15時までの取引時間を「後場」と言い、「前場」「後場」それぞれの終了を「引け」と言います。「寄り付き」から「引け」までの時間のことを「ザラ場」と呼びます。

株の正体と利益の出し方、買える場所と時間

株ってなんだ？

事業を始めるのに資金が必要

→ 間接金融で調達 → 銀行からの融資

→ 直接金融で調達 → 株式を発行

3つの「株の利益」

①値上がり率
（キャピタルゲイン）

②配　当
（インカムゲイン）

③株主優待

株が買える場所と時間

※2020年7月現在

株が買える場所 ― 日本の証券取引所

- 東京証券取引所（東証）3717社
  - ・東証一部
  - ・東証二部
  - ・東証マザーズ
  - ・JASDAQ
  - ・TOKYO PRO Market
- 札幌証券取引所（58社）
- 名古屋証券取引所（291社）
- 福岡証券取引所（110社）

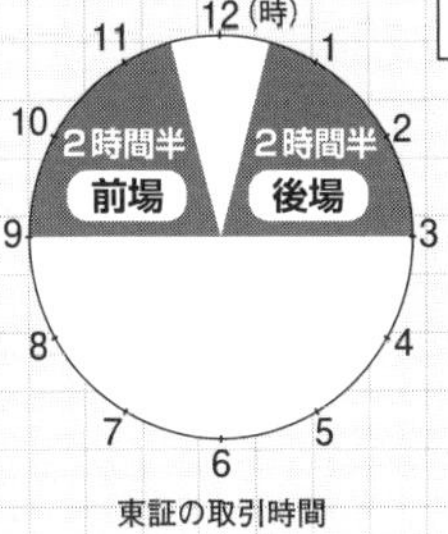

東証の取引時間

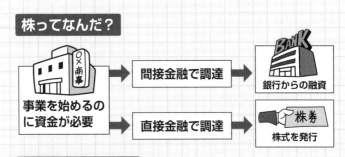

株の基本を復習しましょう その02

人気ゲームに見る株の値動きの仕組み
株価はなぜ動く？

　ここでは「Pokémon GO」の例を引いて任天堂（証券コード：7974）の株価の推移を見てみましょう。

　2016年7月6日、アメリカ、オーストラリア、ニュージーランドで「Pokémon GO」がリリースされ、任天堂の株価は1万4000円から3万2000円まで、わずか3週間で倍以上に急騰しました。

「Pokémon GOは、もう社会現象だ。任天堂の株価は爆上げするに違いない」

　投資家たちがそう判断したのでしょう。しかし、「Pokémon GO」を開発したのは、任天堂ではなく、「Niantic」という会社で、任天堂の連結業績に与える影響はそれほど大きいものではなかったのです。「ポケモン」＝任天堂という思い込みで、株を買った投資家も大勢いたはずです。


　同年7月22日、日本でも「Pokémon GO」の配信がスタートし、国内においても大ブームを巻き起こします。しかし、任天堂の株価は前日比2200円高の2万8820円と伸び悩みました。株を仕込んでいた投資家たちが、「ここが利食いのタイミング」と売り込んだためであると言われています。

　この後、株価は2万3000円まで急降下。もし、投資家たちが「Pokémon GOは日本でもメガヒット。任天堂の株価はさらに爆上げする」と買い出動していたら、大きな損失を出すことになっていたでしょう。7月6日の時点で機敏に任天堂の株を買った投資家は大きな利益を出し、日本配信時にワンテンポ遅れて買い出動した投資家は大きな損失を出した、そういうことになります。

株価が動く理由とは？

株価は投資家の思惑で動く

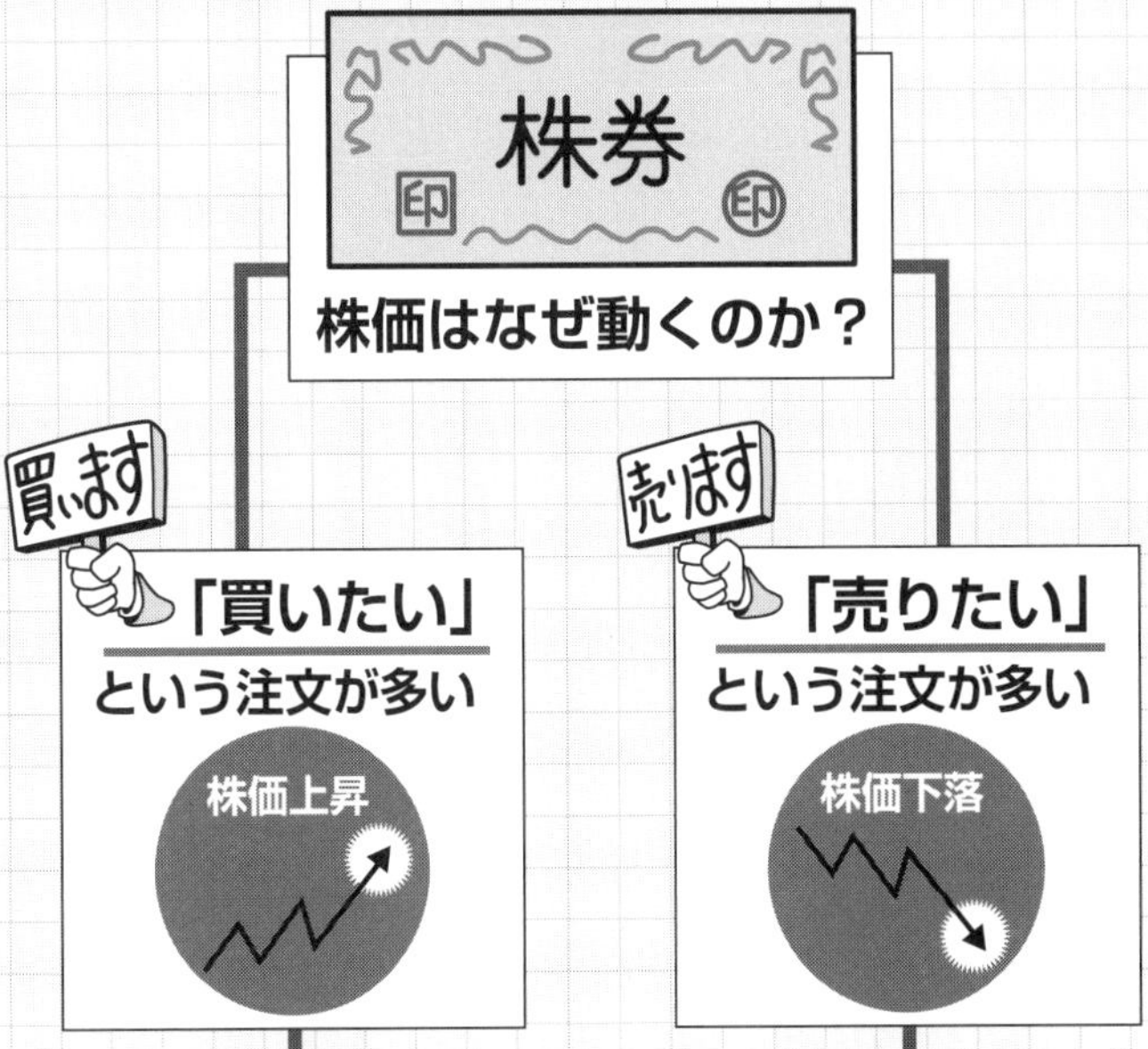

上昇する理由

- 会社の業績好調
- 新商品、新ビジネスが市場のニーズに合った
- 配当を増額した
- 政治や法律改正の好影響
- 為替による資産アップなど

下落する理由

- 会社の業績ダウン
- 新商品、新ビジネスが市場のニーズに合っていない
- 業態の変革遅れ
- 配当の減額や無配
- 政治や法律改正が不利
- 為替による資産減少など

株の基本を復習しましょう その03

ローソク足、出来高、移動平均線…

「チャート」の見方をおさらいしよう

「チャート」とは本来、航路図のことです。

株式投資では、その銘柄の一定期間の値動きをグラフにしたものです。株価の変動が単なる数字の羅列で分かりにくいので、一目で見て取れるように視覚化したものです。

「チャート」は、「ローソク足」「出来高」「単純移動平均線」の3つの要素から成り立っています。

「ローソク足」とは、一定期間の「始値・終値・高値・安値」（これを四本値と言います）を1本の棒状の図形で示したもので、その形から「ローソク足」と呼ばれます。「チャート」の下方にある棒グラフは、売買が成立した株数を表す「出来高」です。

ある銘柄に1000株の売り注文が入って、それに対して同数の1000株の買い注文が入り、約定が成立したなら、「出来高」は2000株ではなく、約定が成立した件数である1000株になります。

棒グラフが長くなれば、それだけ活発に売買が行われている銘柄であるということになります。

「単純移動平均線」は、一定期間の株価の終値を平均して線グラフにしたものです。「単純移動平均線」には、短期（5日間の終値の平均）、中期（25日間の終値の平均）、長期（75日間の終値の平均）の3つが使われるのが普通です。単純移動平均線の線グラフが上向きならば、その銘柄は上昇トレンド、下向きならば下降トレンド、ほぼ横方向に伸びているのなら、「ボックス相場」であると判断できます。

「チャート」は、株価がこれからどんな値動きをしていくのか、未来の姿を予想する指標なのです。

チャートは株価の動きを表す図

チャートの3つの要素

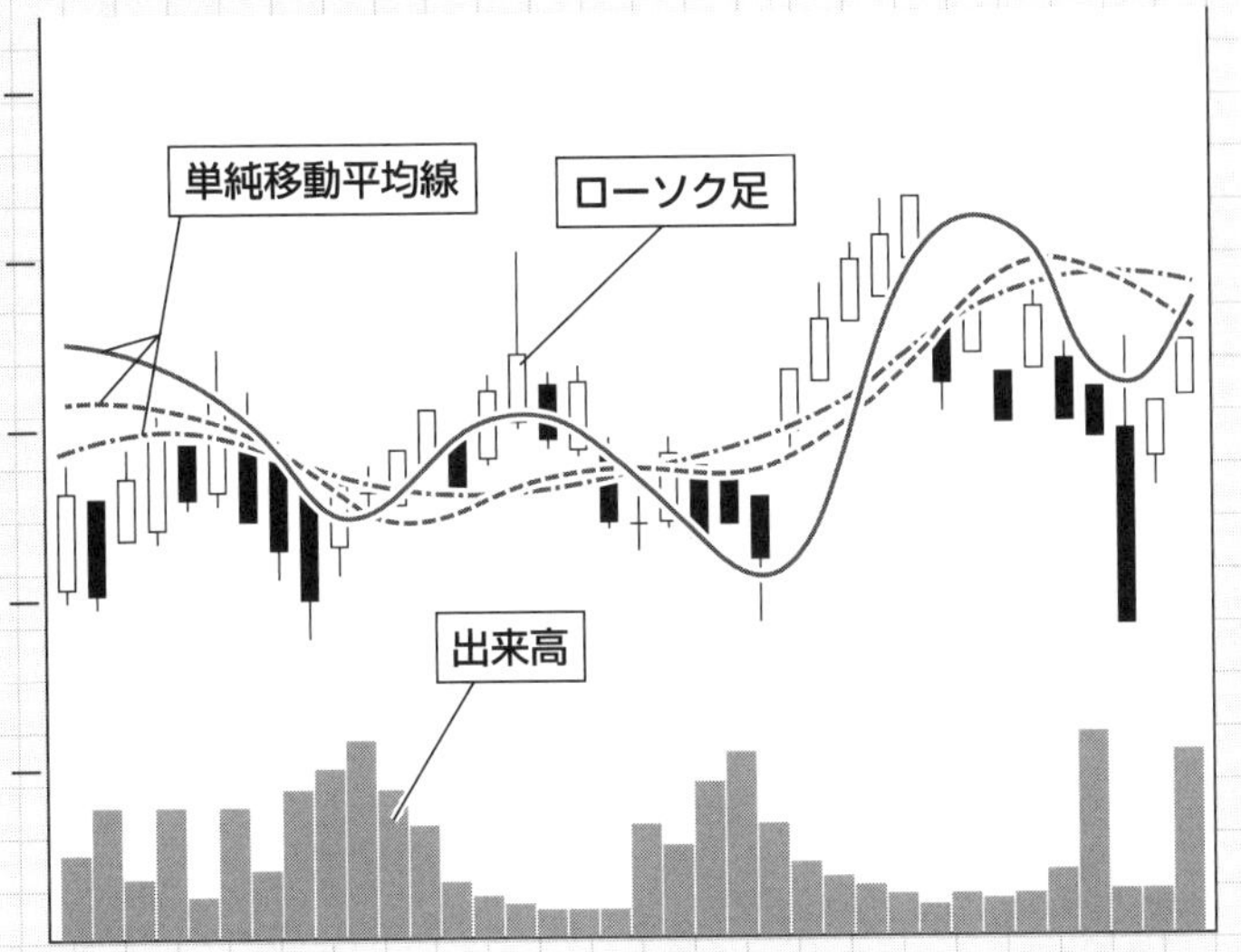

ローソク足 … 一定期間（秒、分、日、週、月、年）の最初についた株価、最後の株価、一番高い株価、一番安い株価が一目でわかる図形。

単純移動平均線 … 短期、中期、長期の3つの線グラフがある。よく使われるのはそれぞれ5日間、25日間、75日間の株の終値の平均を表すものが多い。

出 来 高 … 株の売買が成立した数。

株の基本を復習しましょう その04

株価の値動きが一目でわかる「ローソク足」の見方

「ローソク足」とは、一定期間の株価の値動きを表した図形です。

白い「ローソク足」を「陽線」と呼びます。「陽線」は始値より、終値が高かった場合に出現します。

一方、黒い「ローソク足」は「陰線」です。こちらはあべこべに始値より、終値が安かった場合に出現します。

「ローソク足」の胴体部分を「柱」と呼びます。「柱」が長いというのは、それだけ値動きの幅が大きかったということを意味します。

「ローソク足」には「日足」「週足」「月足」などの種類があります。それぞれ、「1日」「1週間」「1か月」の株価の値動きを表しています。

「日足」の場合、寄り付きで付いた値段を「始値」と言います。引けで付けた値段を「終値」と言います。その日の取引で最も高い値段を「高値」、最も安い値段を「安値」と言います。

Aという銘柄、そしてBという銘柄が、ともに100円高だとします。

同じ100円高であっても、「ローソク足」を見れば、Aは途中大きく下げたが、急騰して盛り返し、100円高で終了。

Bは急上昇したが、その後、利食い売りが出て、前日より100円値上がりで落ち着いた。そんな流れを「ローソク足」で確認できます。

株価の上昇が続いた時、高値で長い「上ヒゲ」が出現したら、「天井」、下落局面で長い「下ヒゲ」が出現したら、「底入れ」と覚えておくといいでしょう。

ローソク足の表していること

「陽線」と「陰線」

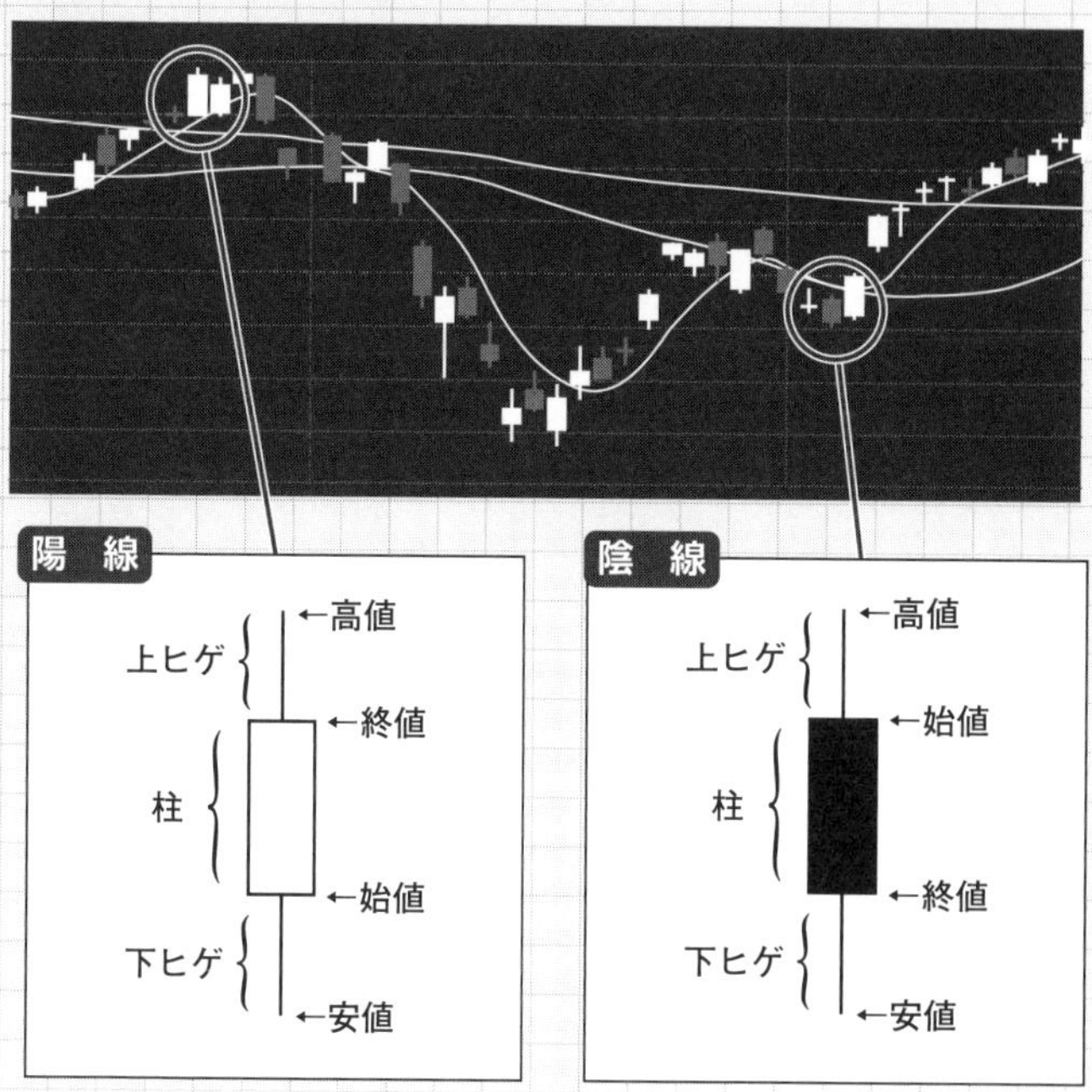

例えば…

今日のA株はスタートが1000円で途中900円まで下がったけど、そのあと持ち直して1200円まで上がった。でも最後は1100円でその日は終了したときのローソク足は右のようなカタチになる。

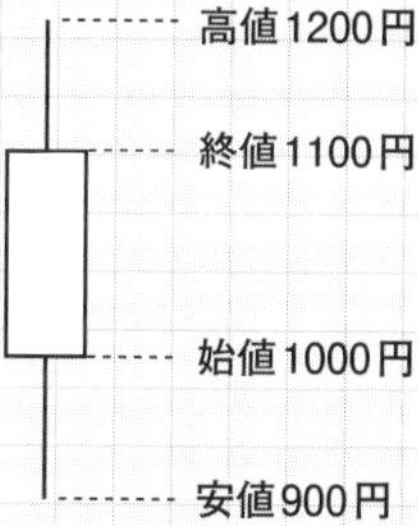

株の基本を復習しましょう その05

対象とする期間によって線は異なる「単純移動平均線」は3種類

前述の「ローソク足」は一般的に「陽線」が白、「陰線」が黒で表示されます。

しかし、スマホのアプリだと少し、事情が違うので注意してください。

ネット証券各社が提供するスマホアプリによって、「ローソク足」は、「陽線」が赤、「陰線」が白で表示されるなど、各社、仕様が異なります。

アプリの設定で、自分の好きな色に変更できますし、期間の設定を変更することも可能です。

一般的に、「短期線」は5日移動平均線、「中期線」は25日移動平均線、「長期線」は、75日移動平均線と設定されていることが多いのですが、それぞれ、「短期線」(15日)、「中期線」(50日)、「長期線」(200日)に設定することも自由自在です。

「単純移動平均線」が右肩上がりの形をしているなら、その銘柄が上昇トレンドにあるということです。逆に右肩下がりなら、下降トレンドにあるということですね。

「単純移動平均線」を見れば、大まかな相場の動きを一見して把握することが可能です。「単純移動平均線」は平均値を出すスパンが長いほど、緩やかな曲線を描きます。スパンが短いと、それだけ機敏な動きを示します。アプリの中には、チャート内に、「短期線」と「中期線」しか、表示しないものもあります。これには理由があって、後述する「ゴールデンクロス」と「デッドクロス」など、「トレンド転換」のタイミングを計るため、「短期線」と「中期線」を組み合わせて用いるからなのです。

「単純移動平均線」は大極を見るグラフ

単純移動平均線は３種類

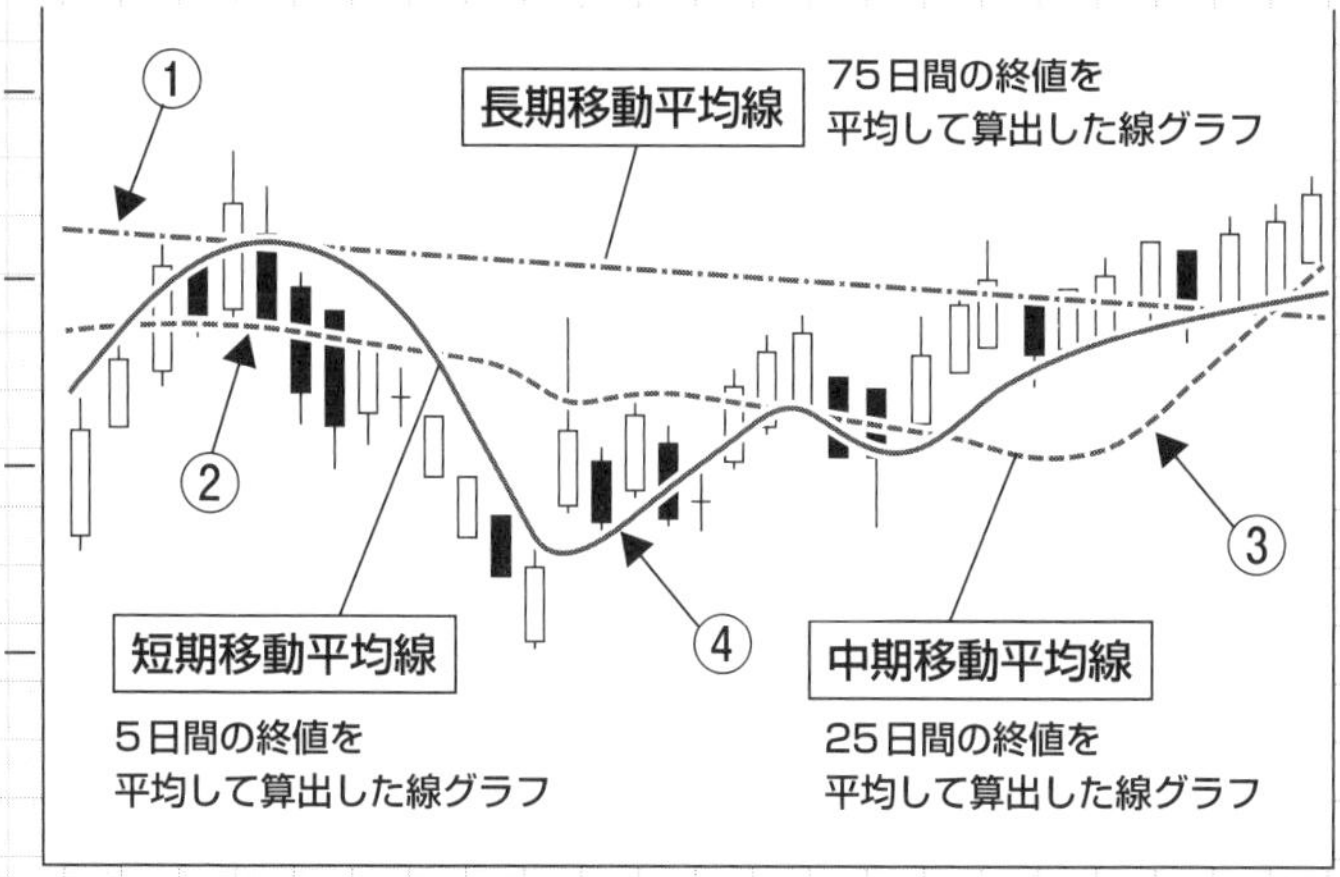

※短期、中期、長期とも算出期間にはさまざまなパターンがあります。

このチャートから分かること

①株価は長期的には下降傾向

②中期的に見ても株価は下降傾向

③中期的に見て株価が上昇傾向に変化

④短期的に見て大きく下降傾向だったものが、急激に上昇傾向に転換

株の基本を復習しましょう その06

対象株の売買の成立状況と注文状況が一目でわかる

「出来高」と「板」を活用しよう

「出来高」は、その銘柄の売買が成立した（約定した）件数を示すもので、チャートの下方に棒グラフとして表示されます。「この株を買いたい」「この株を売りたい」という投資家が、大勢存在するなら、出来高を表す棒グラフは伸びていきます。

「出来高」を示す棒グラフがいきなり長くなれば、その銘柄が活発に売買される異変が発生している可能性が高いということになります。

ずっと安値圏に放置されたままだった銘柄でいきなり「出来高」が増えれば、何か、投資家が好感する材料が出現して、その銘柄が大きく買いこまれているのかもしれません。

逆に高値圏で「出来高」が急増すれば、「この銘柄はもっと上がる」という「買い」のエネルギーと、「このあたりで利確したい」という「売り」のエネルギーの双方がとても強いという意味で、「株価のピークアウトが間近？」と警戒する必要が出てきます。

「板」は、投資家たちの注文の状況を一目で見て取ることができる一覧表のことです。

中央に「気配値」が示され、右側が「買い板」、左側が「売り板」になっています。つまり、「気配値」に対して、その値段で買い注文がどれだけ出ているか、売り注文がどれだけ出ているかを一覧することができるわけです。買い注文が多ければ、その銘柄はこれから上昇していくと判断できます。売り注文が多ければ、逆に下落していくと判断できます。

売り注文と買い注文で株価と数量がマッチすれば、売買成立、つまり「約定」となります。

売買成立数を見る「出来高」、注文状況を見る「板」

株価と連動する「出来高」

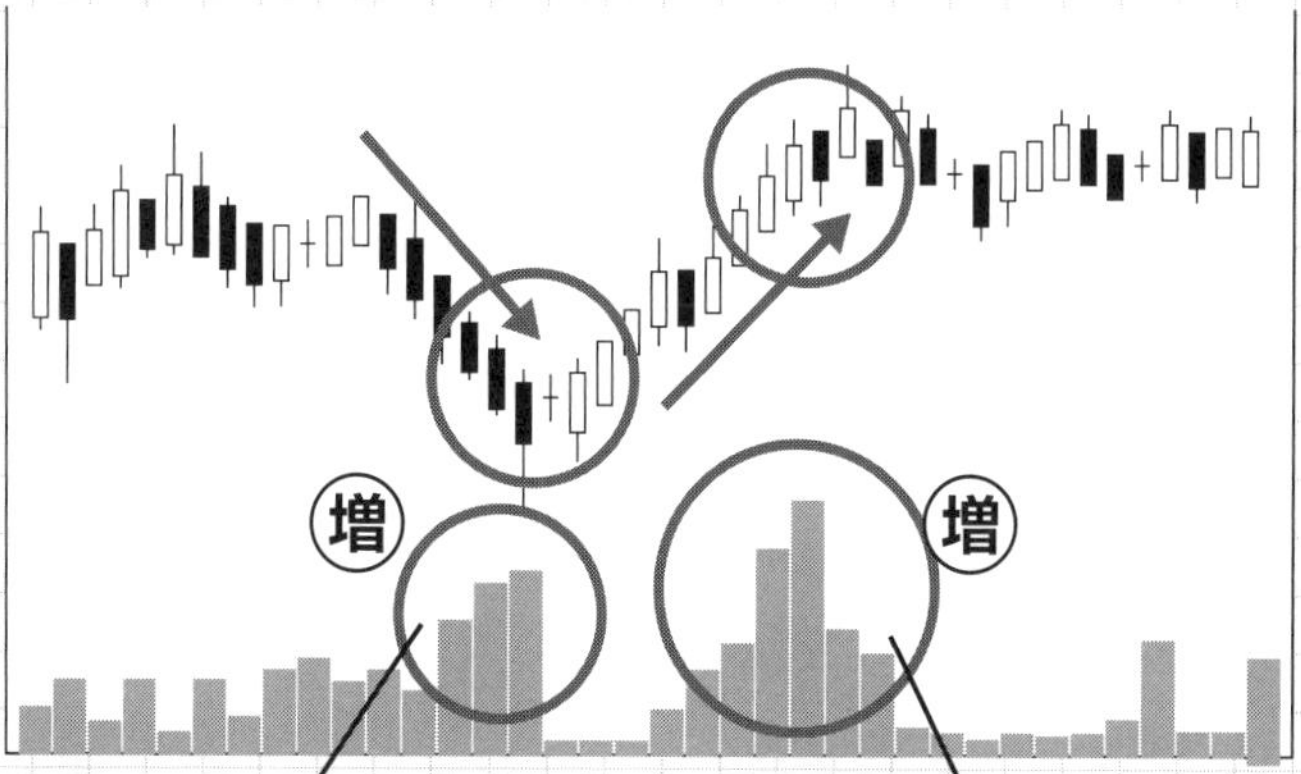

株価が急激に下がったときは、出来高も増えることが多い

株価が急上昇したときにも、出来高が増えることが多い

注文状況がわかる「板」

各株価で売り注文が何株出ているのかがわかる。たとえば 5002円での売り注文は 900 株。

売	株価	買
200	5004	
1100	5003	
900	5002	
200	5001	
100	5000	
	4999	200
	4998	300
	4997	1200
	4996	100
	4995	400

4999円で売りたい人が出たら売買が成立する

5000円で買いたい人が出たら売買が成立する。

各株価で買い注文が何株出ているのかがわかる。たとえば 4998円での買い注文は 300 株。

株の基本を復習しましょう　その07

希望の条件にあった株を探してくれる「スクリーナー」で銘柄を検索

前作では、「楽天証券　iSPEED」の「スーパースクリーナー」をご紹介しましたので、今回は別の「スクリーナー」を見てみたいと思います。

「Yahoo!　Japan」が提供している「Yahoo!　ファイナンス」です。iPhone なら、AppStore、Android なら、Google Play からダウンロードできますが、「Yahoo!」の「ツール」から使用することもできます。「Yahoo!　ファイナンス」の画面をタップ。

一番下の「メニュー」をタップ。画面が変わったら、「スクリーニング」をタップ。下段の黒い帯状の「検索条件」に適当な条件を入力してみましょう。

今回は、ＰＥＲ＝「下限なし〜15倍以下」、ＰＢＲ＝「下限なし〜2倍以下」、配当利回り＝「2％以上」、最低購入代金＝「1万円以上〜100万円以下」、時価総額＝「下限なし〜1000億円以下」

こういう条件を入力してみました。

「検索」のボタンに「420件」という数字が現れました。上記の条件でスクリーニングした時、「420件」の銘柄がヒットしたということです（2020年7月18日現在）。

「検索」をタップすると、「420件」の全ての銘柄が表示されます。下にスクロールして、「優待なし」を「優待あり」に変えてみて下さい。

ヒットする銘柄が「153件」に減少しました。スクリーニングの条件が一つ加わって、それだけ銘柄がより絞り込まれたということになります。自分にとって直感的に使いやすいスクリーナーを選んで使用しましょう。

銘柄選びに便利なスクリーナー

①Yahoo! ファイナンスのアプリを開く

メニューをタップ

②スクリーニングを選択

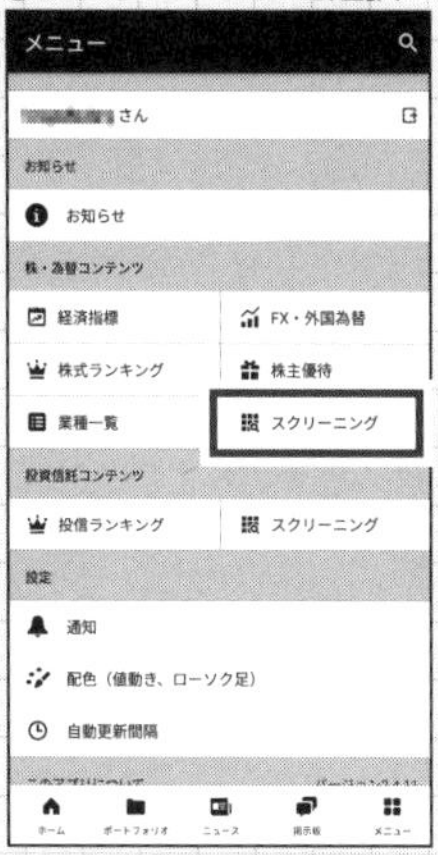

スクリーニングをタップ

③検索条件を入力

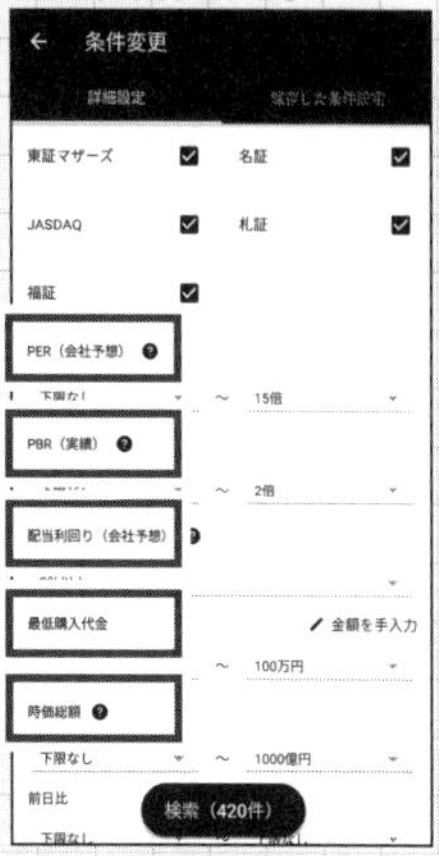

条件を入力していく

④検索条件を追加する

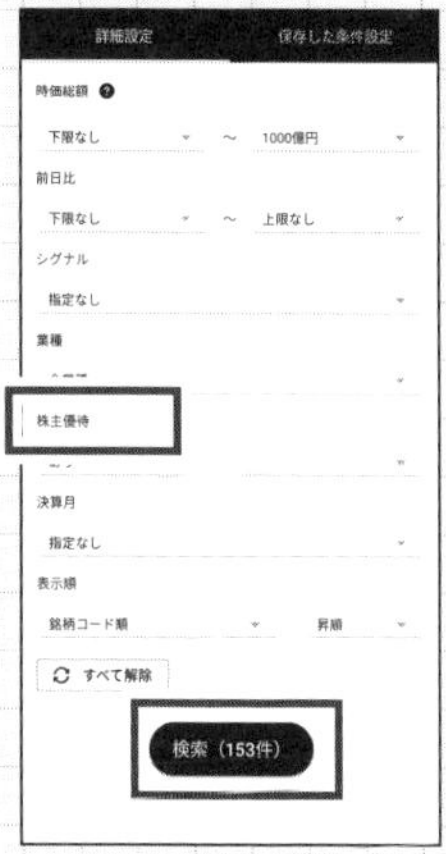

条件を追加して絞っていくと、結果が出る

⑤条件を満たした銘柄

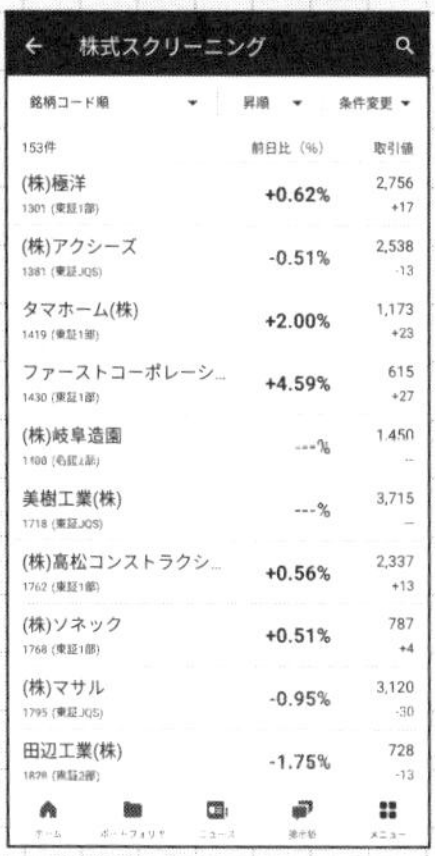

検索条件を満たした銘柄一覧を表示

株の基本を復習しましょう その08

株価の推移を企業の業績と株の需要で分析

「ファンダメンタル分析」と「テクニカル分析」

「ファンダメンタル分析」とは、企業の業績や財務状況など、その企業が持つ本質的な価値に注目する株価の分析手法のことです。その企業の本質的な価値が市場の評価より明らかに低い時、いずれ、その価値が株価に反映され、株価は上昇していくであろうという考え方に基づいた分析手法です。

「ファンダメンタル分析」で主に用いられるのが、PER（株価収益率）、PBR（株価純資産倍率）、ROE（株主資本利益率）など。「貸借対照表」「損益計算書」「キャッシュフロー計算書」（財務三表）も参照します。「ファンダメンタル分析」で必須なのが、「四季報」（東洋経済新報社）や「日経会社情報」（日本経済新聞社）などです。

これに対して、「テクニカル分析」とは、チャートを観察して、過去の株価の変動や出来高から、将来の値動きを判断する手法になります。

スイングトレードならば、当然、用いるべきは後者です。買い手と売り手の思惑が交錯するマーケットで、「ファンダメンタル分析」が示す、企業の本質的な価値が敏感に反映されるわけではありません。

むしろ、その時の投資家たちの心理状態によって、株価は大きく上下動します。「テクニカル分析」は、投資家たちの凝縮された投資心理を読む指標であるともいえるでしょう。乱暴な言い方をすれば、「ファンダメンタル分析」は、「企業の業績が良ければ、株価は上がる」、これに対して、「テクニカル分析」は、「買う人が多ければ、株価は上がる」という考え方になります。

「ファンダメンタル分析」と、「テクニカル分析」の違い

業績で見るか、需要で見るか

分析法その1

「ファンダメンタル分析」（中・長期売買向き）

「企業の業績がよければ、将来株価は上昇する」という考え方

●参考にするもの
PER（株価収益率）、PBR（株価純資産倍率）、ROE（株主資本利益率）、貸借対照表、損益計算書、キャッシュフロー計算書（財務三表）　など

分析法その2

「テクニカル分析」（短期売買向き）

「買いたい人が多ければ株価は上がるし、売りたい人が多ければ株価は下がる」という考え方

●参考にするもの
ローソク足、単純移動平均線
ボリンジャーバンド
ストキャスティクス　など

スマホ投資なら
基本的には
テクニカル分析
重視ですね

株の基本を復習しましょう その09

「テクニカル分析」の2つの指標

「トレンド系」と「オシレーター系」

「テクニカル分析」には、大まかに「トレンド系」と「オシレーター系」の2種類の指標があります。「トレンド系」の指標とは、トレンドの方向性と強度を計るもので、「楽天証券 iSPEED」では、「単純移動平均線」「ボリンジャーバンド」「一目均衡表」などが、「トレンド系」の指標に分類されています。

現在、トレンドが発生しているのか、上昇トレンドなのか、下降トレンドなのか、トレンドそのものの強さはどの程度なのかをこれらの指標で判断することができます。トレンドが発生しているなら、それに乗っかればいいわけで（トレンドフォロー）、順張りに用いられることが多い指標です。

「オシレーター」は、日本語で「振り子」の意味。現在の株価が平均値と比較して、高いのか（買われ過ぎ）、安いのか（売られ過ぎ）を計る指標になります。こちらは、受験で用いられる偏差値を思い出すといいでしょう。

「買われ過ぎ」「売られ過ぎ」を判定するということは、いつ相場が反転するのかを予想するということでもありますから、逆張りに用いられることが多い指標です。「iSPEED」では、「ストキャスティクス」「RSI」「MACD」などが「オシレーター系」の指標に分類されます。

「iSPEED」では、銘柄ごとに「トレンド系」「オシレーター系」、自分が使いたい指標を一度に2種類ずつ、表示させることができます。あまり多くの指標を同時に表示させると画面が煩雑で見づらくなってしまいますので、適宜、切り替えるといいでしょう。

「テクニカル分析」は株で利益を上げるために絶対必要

テクニカル分析

トレンド系

【主な指標】
- ローソク足
- 単純移動平均線
- ボリンジャーバンド
- 一目均衡表　etc

相場の流れを読むためのもので、上昇しているか下降しているか、勢いがあるかないかを見る指標

初心者向け

オシレーター系

【主な指標】
- ストキャスティクス
- RSI
- MACD（マックディー）
- サイコロジカルライン　etc

買われ過ぎ、売られ過ぎを判断する指標

逆張り向け

株の基本を復習しましょう その10

基本は「成行」か「指値」株式取引の注文の出し方

「成行《なりゆき》」「指値《さしね》」の2つの注文方法が基本です。

「成行」とは、「いくらでもいいから、とにかくその株を買いたい、売りたい」ということです。

当然、売買が成立（約定）しやすい半面、想定外の高値・安値で約定してしまうことも起こりえます。

これに対して、「指値」とは、現在、200円の値段をつけている銘柄に対して、「220円になったら、売りたい」「180円になったら、買いたい」と、値段を指定して注文するやり方になります。

「指値」注文は、指定した値段にならないと売買が成立しないので、結局、売買が成立しないということも起こります。「指値」注文には、また、「正常」「逆指値」「逆指値付通常」の3種類のやり方があります。

右記のように値段を指定して注文を出すのが、「正常」です。これに対して、現在、200円の銘柄が「220円になったら、買いたい」「180円に下がったら、売りたい」という注文のやり方を「逆指値」と言います。損をしているように見えますが、前者は「上昇トレンドが出ているから、フォローしたい」、後者は「株価が下がった時は、マイナス20円で損切したい」ということなのです。

この2つの注文をセットにしたのが、「逆指値付通常」。200円の株価が「220円に上がったら売りたい。また、180円に下がったら売りたい」というとき、前者は「利益確定」の売り、後者は「損切」の売りということです。株の値動きによって、どちらかの条件にヒットすれば、優先的にそちらが執行され、もう一つの注文は自動的に消去されます。

マスターしたい注文方法

株式取引の４つの注文

成《なり》行《ゆき》

即売却したい人向き

値段を指定しない注文方法。

「買い」注文の場合、そのとき最も低い価格の「売り」注文に対して即注文が成立し、「売り」注文の場合、そのとき最も高い価格の「買い」注文に対して即注文が成立する。

指《さし》値《ね》

希望の価格で売り買いしたい人向き

「買い」または「売り」の価格を自分で指定して注文する方法。「買い」注文の場合、注文価格「以下」、「売り」注文の場合は注文価格「以上」の株価にならないと成立しない。

逆《ぎゃく》指《さし》値《ね》

利益や損失をコントロールしたい人向き

「買い」注文の場合、注文した価格「以上」にならなければ注文は発注されず、成立しない。「売り」注文の場合、注文した価格「以下」にならなければ注文は発注されず、成立しない。指値注文の「以下」「以上」の部分と逆なので「逆指値」という。

逆《ぎゃく》指《さし》値《ね》付《つき》通常《つうじょう》

高値売り、損切りしたい人向き

通常の指値注文にプラスして、株価が予想と異なる方向へ動いたときに注文方法が変更できるようにあらかじめ条件を加える注文方法。「ツイン指値」「W指値」など、証券会社によって名称が異なる。

株の基本を復習しましょう その11

損失を和らげて利益を出す荒業
「ナンピン」って何?

「ナンピン」とは、漢字で「難平」、つまり、「難を平らげる」と書きます。

「ナンピン」は株が下落したとき、さらにその株を買い増すという手法です。株価500円の銘柄を100株買って、それが400円まで下落したとします。1万円の損失です。しかし、そこで「損切」したりせず、さらに100株を買い増せば、一株当たりの買値は450円になります。ここから株価が450円まで戻せば、損失はゼロになります。それ以上に値上がりすれば、利益を出すことさえできます。しかし、ここから株価がさらに下落して、300円になったとしましょう。最初に買った株に加え、ナンピンした分も合わせると、損失は3万円に拡大してしまいます。

「下手なナンピン、スカンピン」と言われる所以。「ピラミッディング」という手法も紹介しておきましょう。「ピラミッディング」は、日本語で「増し玉」と言います。これは株価が値上がりしたら、さらに買い増していくという手法です。その際、値上がりした時の株価を「損切」ラインに設定しておきます。そうすれば、それから下落しても最終的な損失は発生しないからです。買い増してさらに株価が上がったら、最初の買い増しの時点の株価を新しく、「損切」ラインに設定し直すのです。

とてもアグレッシブな手法で、成功すれば大きな利益を得ることが可能です。この「ピラミッディング」は、海外では有名な手法で、投資ばかりではなく、カジノなどでも使用されています。

ナンピンとピラミッディング

ナンピン

株価が下落したら、さらに同じ株を買い増して、買い値の平均単価を下げる手法

例

初回買い

500円で
100株購入
（1株＝500円）

↓

500円を上回れば利益になる

ナンピン買い

株価が400円に下がったので100株買い増し
（1株平均＝450円）

↓

450円を上回れば、利益になる

↓

利益を上げるハードルが低くなる

ピラミッディング

株価が上昇したらリスクをおさえるために上昇ごとに株数を少なくしていく。その形がピラミッドに似ているため、ピラミッディングと呼ばれている。

例

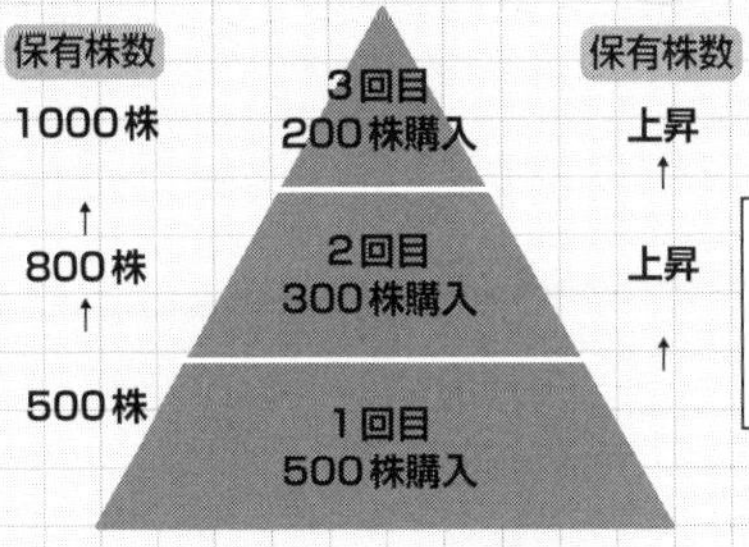

株価が予想通りに上昇しなかったときは買い増しせずに全株損切する。

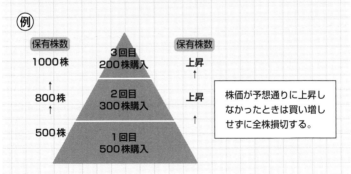

コラム4

日本とアメリカでは、巣ごもり投資家が急増

前コラムで「ネット証券の口座数が急増」とご紹介しました。コロナウイルスのパンデミックで、人々が外出を自粛し、その結果、自宅のソファに座って、スマホで株の売買の指示を出している……。

そんな光景が目に浮かびますね。

自宅待機のための休業補償や10万円の「特別定額給付金」が投資の「原資」になっているという報道もあります。

「外に遊びに行けないから、暇つぶしに……」

「収入が減ったから、お小遣い稼ぎにでも……」

巣ごもり投資家たちは、こんな感じで気軽にスマホをタップしているのかもしれません。

実は、世界で最初にコロナウイルスのパンデミックにより、ロックダウン（都市封鎖）を経験した中国・武漢でも、「株ブーム」が起きていました。

投資の元手が不労所得である休業補償金であったり、「特別定額給付金」であったりするからでしょうか、小額の元手でリスクをとって、手っ取り早く利益を上げようとする投機的な売買が多くなっているという報告があります。

日本では、日経平均株価の値動きに連動して、2倍の動きをする「ブル2倍」の上場投資信託（ETF）が注目されたり、また、業績の結果がまだ不明であるベンチャー企業銘柄に人気が集まるという傾向もあるようです。

しかし、値動きが軽い投信や個別銘柄は、下落するときもまた、早いということです。こんな時だからこそ、落ち着いた投資を心掛けたいものです。

【第五章】

チャートの見方を教えます

チャートの見方を教えます その01

株のトレンドを判断できる一番大切なのは「単純移動平均線」

「単純移動平均線」が右肩上がりなら「上昇トレンド」、右肩下がりなら「下降トレンド」、横に伸びていれば「ボックス相場（レンジ）」と判断できます。

上昇・下降ともに角度が急であるなら、それだけ、強いトレンドが出ているということになります。

「単純移動平均線」はその名の通り、一定期間の株価の平均値を線グラフにしたものですから、急速なトレンド転換などに対応できず、どうしてもシグナルが遅れがちになります。

左ページ上の図表をご覧ください。「ローソク足」が下降トレンドに転換しているのに、「単純移動平均線」はそれよりわずかに遅れて動いています。

「単純移動平均線」は、「下値支持線（サポートライン）」と「上値抵抗線（レジスタンスライン）」として使用することができます。

左ページ中段の図表をご覧ください。

「ローソク足」チャートは、「単純移動平均線」の上側に位置しています。この場合、「単純移動平均線」は「下値支持線」として機能していて、ローソク足が「下値支持線」にタッチした点を「押し目買い」のポイントとしてとらえることができます。

左ページ下段の図表では、「単純移動平均線」が「上値抵抗線」として機能しています。この場合も、「ローソク足」が「上値抵抗線」にタッチした点を「エグジット」のポイントとしてとらえ、「ローソク足」が「上値抵抗線」を下から上に突き抜けた（ブレイクアウト）ポイントがトレンド転換となり、買い出動の戦略も有効です。

トレンドの変化を見つける

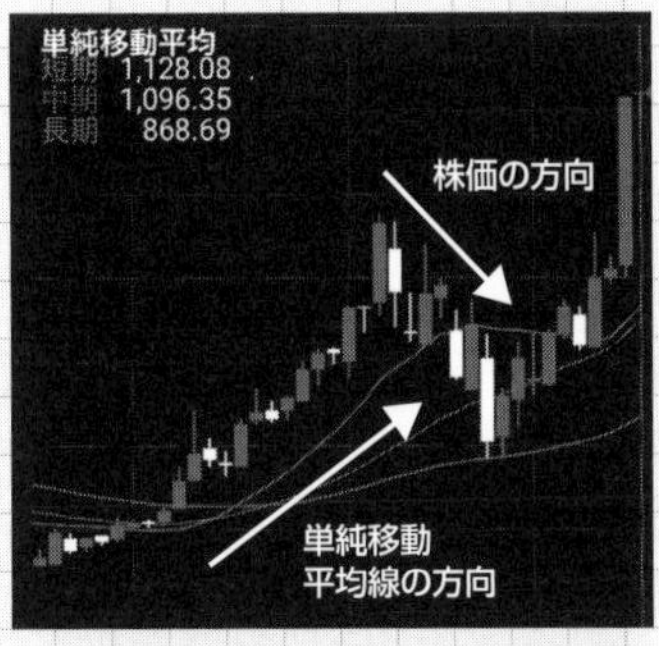

単純移動平均線はローソク足のトレンドより遅れる

急な株価変動には単純移動平均線は指標として対応できない。

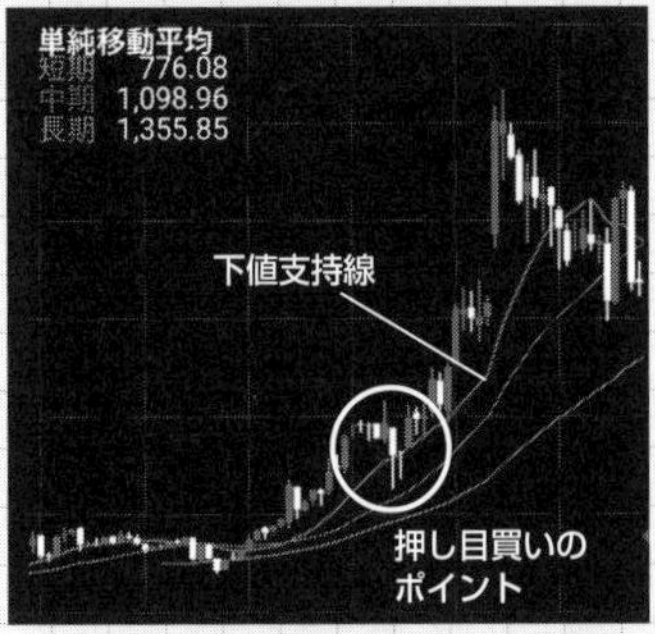

下値支持線

きれいな下値支持線を描いているときは、ローソク足がその線にタッチしたとき、買いのタイミングとして考えてもよい。

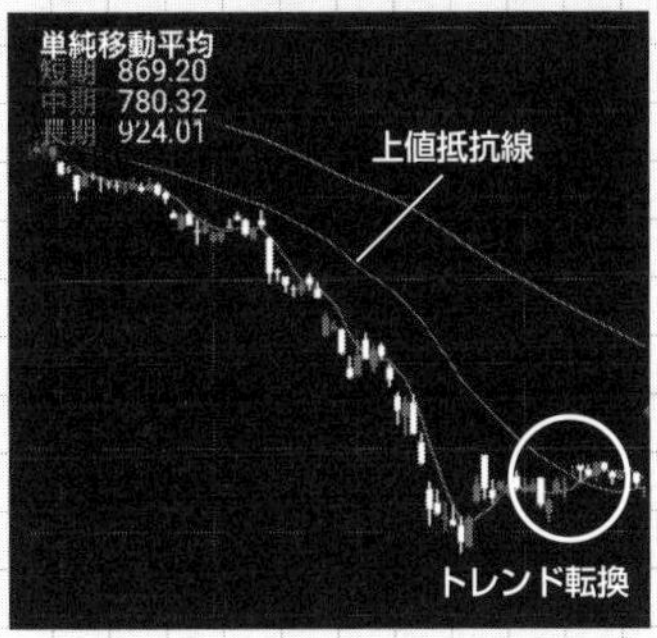

上値抵抗線

ローソク足が下降トレンドで上値抵抗線として単純移動平均線があるとき、ローソク足がその線を突き抜けたらトレンドが変化した目印になる。

※チャートは楽天証券「iSPEED」より

チャートの見方を教えます その02

投資家たちの心理を読み解く「エントリー」と「エグジット」のポイント

「上昇トレンド」の場合、株価は「上値抵抗線」によって頭を押さえられるような形で動きます。何度か、株価が上昇して、「上値抵抗線」にぶつかるが、そこで弾き返されてしまう……。いわゆる「上値が重い」という状態。なぜ、こんな現象が起こるかというと、株価が「上値抵抗線」にタッチした場合、これまでのように下落することが多いため、ここで警戒の売りが発生するからです。

何度も株価の上下動を繰り返し、いよいよ、株価が「上値抵抗線」を超えると、投資家は「ブレイクアウトだ。ここから大きく上げるぞ」と判断して、株価が大きく値を上げることが多々あります。

これが「エントリー」のポイントになります。

「上昇トレンド」の場合、株価は「下値支持線」に支えられる形で動きます。何度か、株価が下落して、「下値支持線」にぶつかるが、そこで弾き返されて再び、上昇するという形です。いわゆる「下値を試す」という状態。株はできるだけ安く買いたいですよね？　株価が「下値支持線」にタッチすると、これまでのようにそこからは下がらない、そこからわずかだが反転するという安心感が働いて、投資家が買い出動するため、それ以上は株価が下がらないからです。いよいよ、株価が「下値支持線」を割り込んでしまうと、「ブレイクダウンだ。ここから大きく下げるぞ」という投資家心理が働いて、株価が一気に下落してしまう可能性が高くなります。

ここが「エグジット」のポイントになります。「単純移動平均線」は、投資家心理を如実に表します。

投資家心理を表すグラフ

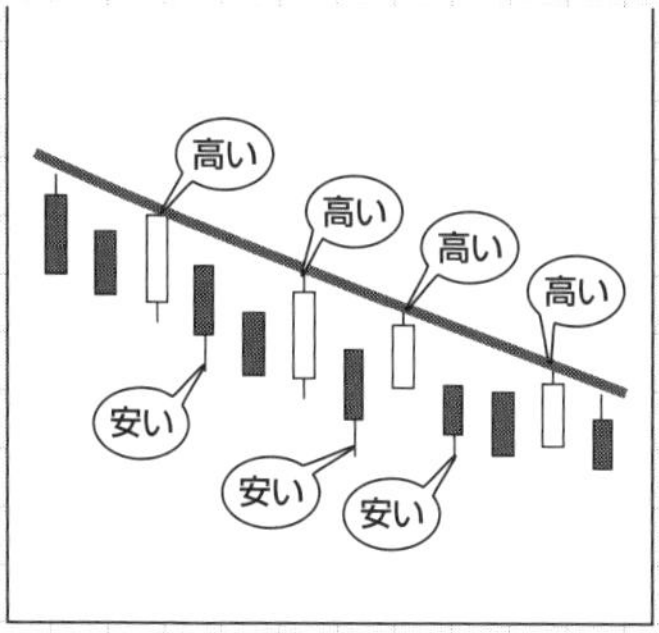

上値抵抗線はなぜできる？

単純移動平均線が作る上値抵抗線に株価がタッチすると、毎回下がる傾向があれば、上値がそれ以上いかないことを繰り返す。

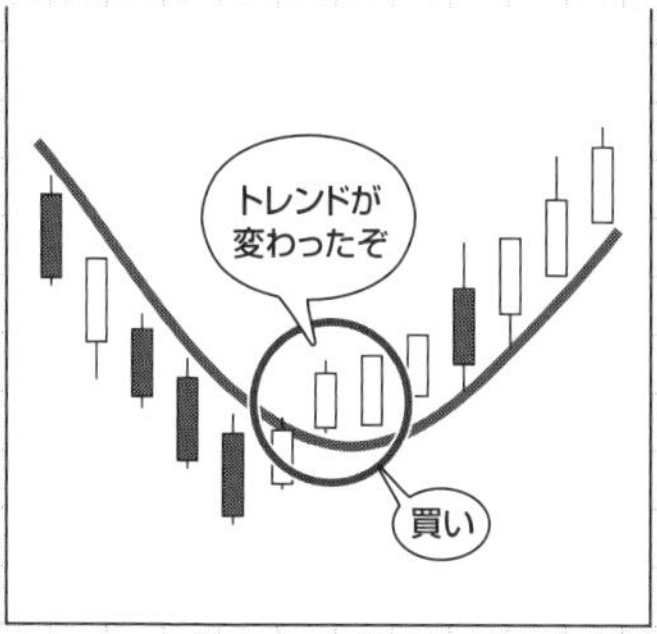

エントリー

ローソク足が上値抵抗線の上に出たとき、上昇トレンドになったとみて「買い」の準備スタート!!

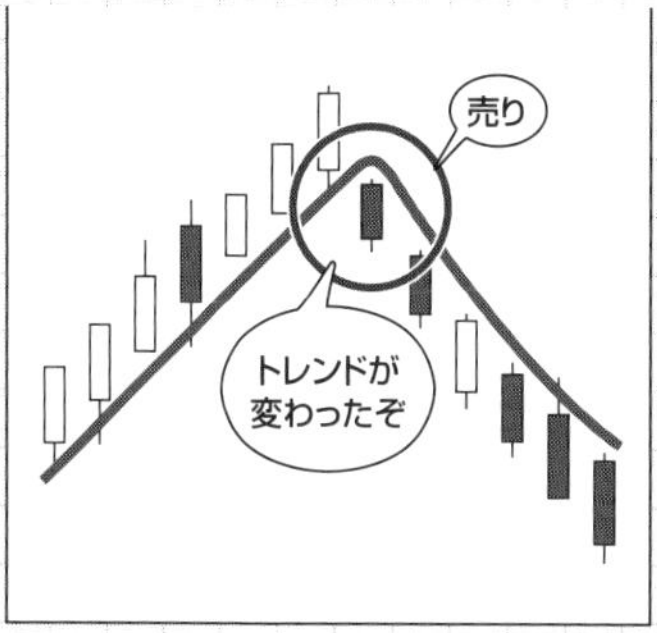

エグジット

ローソク足が下値支持線の下に出たとき、上昇トレンドは終わったとみて、「売り」の準備スタート!!

チャートの見方を教えます その03

単純移動平均線が描き出す売買のサイン

「ゴールデンクロス」と「デッドクロス」

「ゴールデンクロス」とは、「短期線」が「中・長期線」を下から上に突き抜ける（ブレイクする）ことです。ブレイクの時点でこの相場は上昇トレンドに転換したとみられ、「買いシグナル」になります。

逆に「デッドクロス」とは、「短期線」が「中・長期線」を上から下に突き抜けることで、下降トレンドに転換したとみられ、「売りシグナル」になります。

左ページをご覧ください。「チャート」に「ゴールデンクロス」と「デッドクロス」が発生しています。「ゴールデンクロス」の場合、「短期線」が「中期線」を下から上に突き破るポイント以前、「ローソク足」がラインの下側に位置しています。この近辺でこの銘柄を買った投資家は、現在、「含み損」を抱えていると考えられます。

「ゴールデンクロス」以後は、「ローソク足」が「短期線」「中期線」の上側へ移動を始めていますね。

これまでの「含み損」が解消され、「含み益」が生まれています。つまり、「ゴールデンクロス」とは、相場心理が好転して、それまで投資家たちが弱気であったのが、強気に転換したことを意味しています。

「デッドクロス」の場合は、この反対です。

「短期線」が「中・長期線」を上から下に突き破るポイント以前、「ローソク足」はラインの上側に位置しています。ここまで「含み益」が発生しています。「デッドクロス」以後は、「ローソク足」がラインの下側に移動しています。相場心理が暗転して、強気だった投資家たちが、弱気に転じたことを意味しています。

線がクロスすれば、それが売買のサイン！

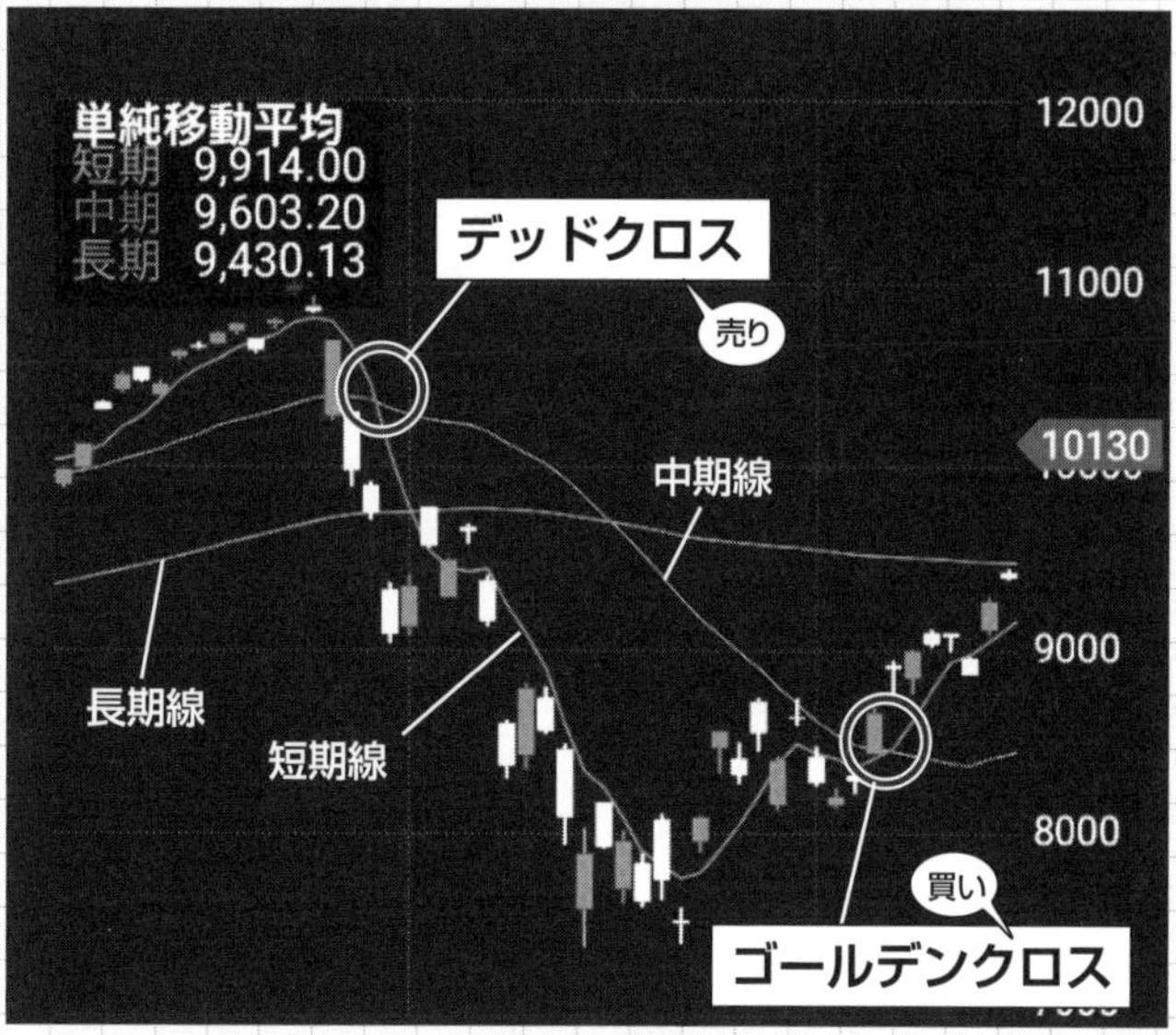

※チャートは楽天証券「iSPEED」より

【買いのサイン】
ゴールデンクロス

株価が下落トレンドから上昇トレンドに変わり、短期線が中期線や長期線を下から上へ突き抜けたとき、買い場と見る。

【売りのサイン】
デッドクロス

株価が上昇トレンドから下昇トレンドに変わり、短期線が中期線や長期線を上から下に突き抜けたとき、売り場と見る。

注意点

銘柄によって中期線がいいのか長期線がいいのかは分かれる。また、交差する角度がゆるやかよりは角度が大きいほうがシグナルの信用度が高い。

チャートの見方を教えます その04

売買のサインを検証できる「単純移動平均線」と「RSI」の関係

「ゴールデンクロス」と「デッドクロス」は、トレンドの転換（投資家心理の転換）を意味する「買い」と「売り」のシグナルです。しかし、株価の動きに対して遅れがちになるという弱点があります。

左ページのチャートをご覧ください。「ゴールデンクロス」が発生しています。注目していただきたいのは、「短期線」が「長期線」を下から上に突き破るタイミングが、実際の株価の上昇に少し遅れている点です。上昇トレンドが発生しても、それが長続きせず、「ゴールデンクロス」が出現したとたんに下落に転じるなどということも起こりえるわけです。これを「ダマシ」と言います（後述します）。

そのため、トレンドが比較的長く継続すると考えられるケース以外、有効でない場合が出てきます。

「RSI」は、「相対力指数」という意味で、オシレーター系の指標で代表格とされるものです。

左ページのチャートをご覧ください。「短期線」が「長期線」を下から上に突き破っているポイントがあります。これが「RSI」における「ゴールデンクロス」です。逆に、「短期線」が「中期線」を上から下に突き破っているポイントが「デッドクロス」です。常に「短期線」が主役であることを意識してください。「RSI」では常に50％のラインを意識し、50％超の「売りゾーン」で、たとえ「ゴールデンクロス」が出ても、買い出動は控えた方がいいでしょう。

逆に、50％以下の「買いゾーン」で「デッドクロス」が出たとしても、必ずしも「売り」のシグナルとはならないということに注意しましょう。

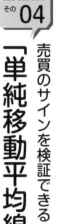

RSIでの売買シグナル

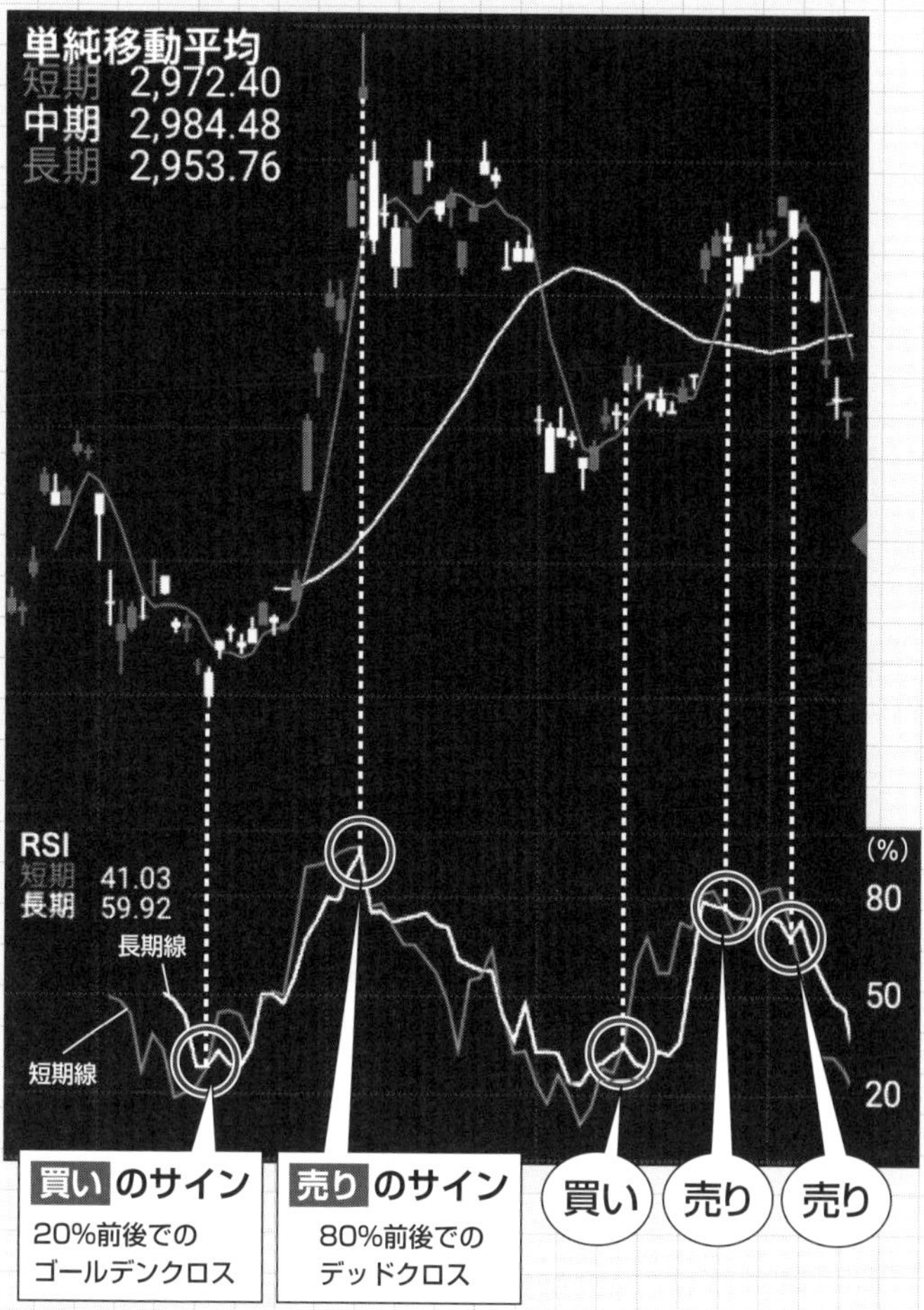

【注意】「20%、80%前後」というのは、株価の動き方によっては30%、70%の場合もあり、一概に決めつけられないため。

※チャートは楽天証券「iSPEED」より

チャートの見方を教えます その05

売買のシグナルを早く察知できる「ストキャスティクス」と「MACD」

「ストキャスティクス」には、「ファーストストキャスティクス」と「スローストキャスティクス」があります が、ここでは「楽天証券 iSPEED」にも採用されている「ファースト」を用います。

左ページの図表をご覧ください。「ストキャスティクス」が100%に近いほど、「買われ過ぎ」、0%に近いほど、「売られ過ぎ」を意味します。「%K」線が「%D」線を下から上に突き破っているポイントがあります。これが「ストキャスティクス」における「ゴールデンクロス」です。反対に「%K」線が「%D」線を上から下に突き抜けているポイントがあります。これが「デッドクロス」です。

ここでも、主役は「%K」線です。30%以下の「買いゾーン」で「ゴールデンクロス」が出たら、買いシグナル。70%以上の「売りゾーン」で「デッドクロス」が出たら、売りシグナルと判断します。

次は、「MACD」を見てみましょう。「MACD線」が「シグナル線」を下から上に突き破ったポイントが「ゴールデンクロス」です。

逆に、「MACD線」が「シグナル線」を上から下に突き抜けたポイントが「デッドクロス」になります。「MACD線」と「シグナル線」がともに「ゼロライン」の下にある時、「ゴールデンクロス」はより信頼性が向上します。同様に2つの線がともに「ゼロライン」の上にある時、「デッドクロス」はより信頼性が高くなります。「MACD」は「単純移動平均線」の改良型と呼べるもので、「単純移動平均線」に比べて、シグナルが格段に速く表示されます。

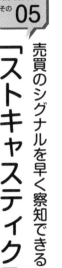

「ストキャスティクス」と「MACD」の売買ポイント

ストキャスティクス

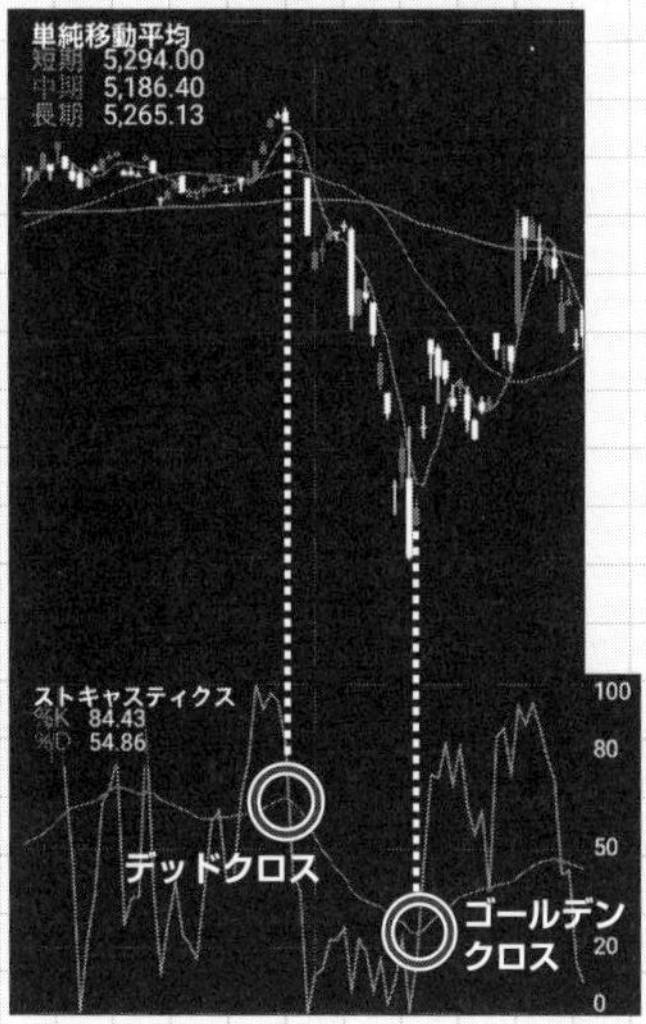

MACD

※チャートは楽天証券「iSPEED」より

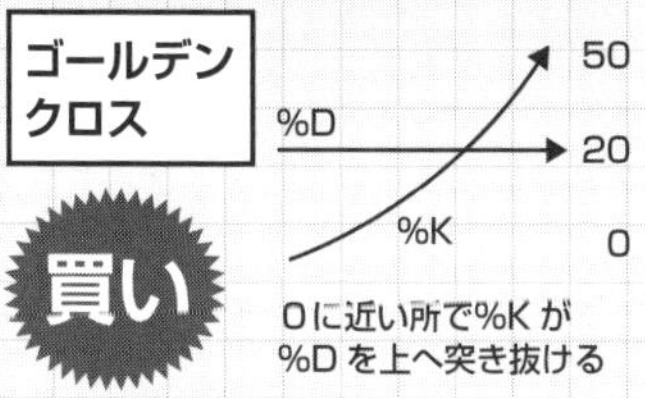

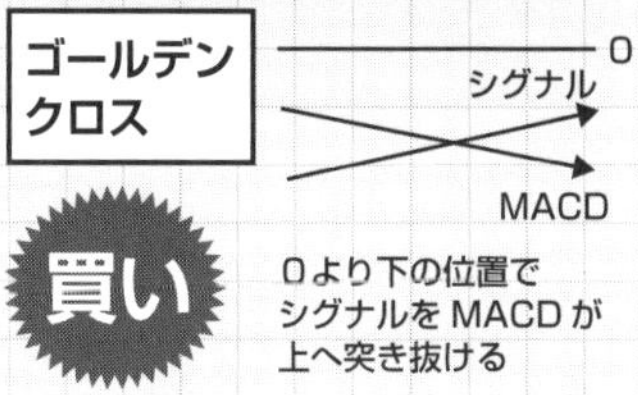

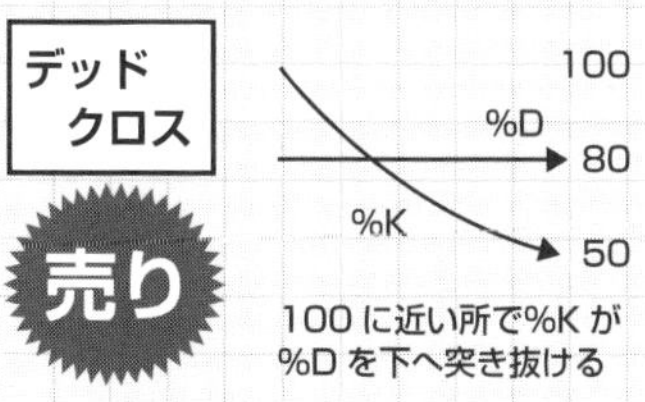

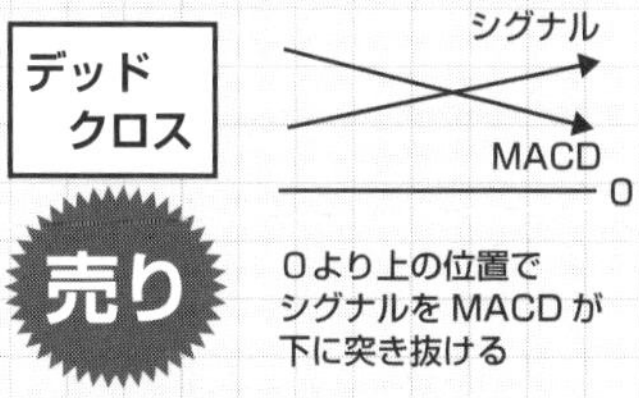

チャートの見方を教えます その06

ダイバージェンス、コンバージェンス、パーフェクトオーダーで判断
株価と指標の関係を読む

「ダイバージェンス」とは、「逆行」という意味です。何が「逆行」するのかと言えば、株価とMACDやRSIなどの「オシレーター系」の指標が反対に動くということを意味しています。

具体的に言うと、「株価は高値を更新し続けているのに、オシレーター系の指標は、逆に下降している」現象を言います。株価が上昇を続けている時、オシレーター系の指標も上昇するのが普通です。

この上昇トレンドの最終局面に近付くと、オシレーター系の指標は動きが小さくなり、ちょっとした下げにも敏感に反応するようになります。

ついには、株価は上昇しているのに、オシレーター系の指標は下落するという「逆行」現象が生まれます。相場が強気から弱気へ転換したという強いシグナルになります。

あべこべに「コンバージェンス」とは、株価が安値を切り下げているのに、オシレーター系の数値は上昇している状態を意味しています。「ダイバージェンス」とは逆で、相場が弱気から強気に転換した可能性が高いことを意味しています。

「パーフェクトオーダー」は、「短期」「中期」「長期」の3本の「単純移動平均線」が、お互いに交差することなく、上からこの順番に並んでいる状態のこと。「単純移動平均線」はスパンの短いものから敏感に反応するので、強い上昇トレンドが出ている時、「短期」「中期」「長期」の順番できれいに揃う形になります。下降トレンドの場合は逆に、上から「長期」「中期」「短期」のきれいな並びになります。

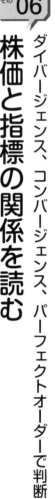

株価が進む方向を判断する目印

■ダイバージェンス

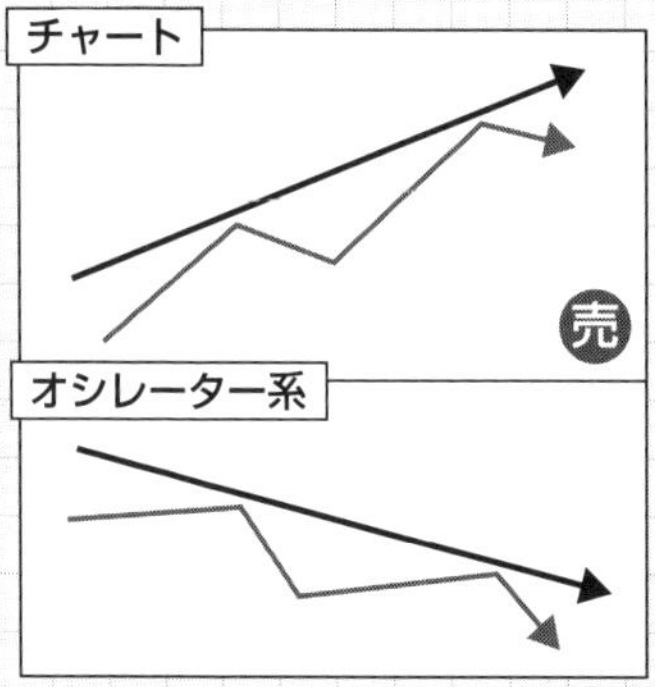

株価上昇がみられるのにオシレーター系が下降しているときは、相場の転換が起きることがあり、売りシグナル。

■コンバージェンス

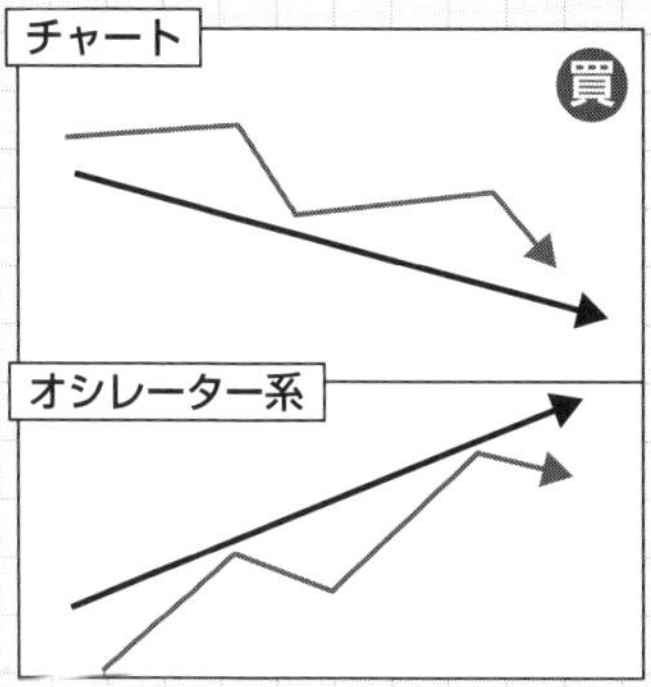

株価下降がみられるのにオシレーター系では上昇がみられるときは、底入れとなり、買いシグナル。

■パーフェクトオーダー

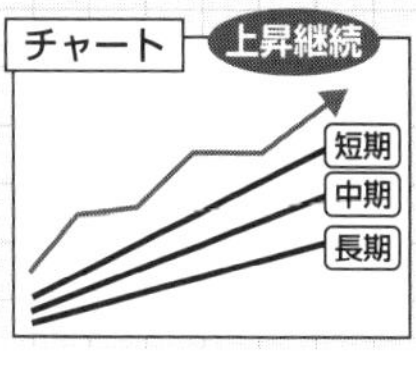

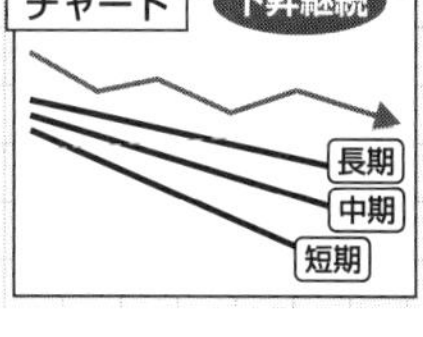

単純移動平均線の長期、中期、短期の3本が交差せずに左記のように並んでいるときは、トレンドが継続する。

チャートの見方を教えます その07

相場の流れを読む指標

「単純移動平均線」と「ローソク足」

「単純移動平均線」（SMA）のほか、「指数平滑移動平均線」（EMA）と「加重移動平均線」（WMA）があります。この2つは直近の株価に比重を置いているため、売買のシグナルが早く出るのが特徴です。

基本的な単純移動平均線の日数は以下の通りです。

「日足」5日　25日　75日　100日　200日
「週足」9週　13週　26週　52週
「月足」6か月　12か月　24か月　36か月　60か月

左ページの上図をご覧ください。

「ローソク足が単純移動平均線より上に位置」

これは、含み益が出ている「強気相場」。

「ローソク足が単純移動平均線より下に位置」

これは、含み損が出ている「弱気相場」。

「ローソク足が単純移動平均線と重なっている」

これは、もみ合い状態の「レンジ相場」。

今度は下図をご覧ください。

「短期」「中期」「長期」の3本の「単純移動平均線」を表示させています。前半、3本のラインが交差せず、この順序のまま伸びています。前述の「パーフェクトオーダー」で、長く続くと期待できる、強いトレンドが出ています。中ほどより、「短期線」が「中期線」を上から下に突き破っています（デッドクロス）。しかし、「長期線」は伸びていますね。

この相場は一時的に弱含みとなっているが、長期のスパンで見れば、まだまだ上昇相場であるということがうかがえます。

このように、「単純移動平均線」と「ローソク足」は、常にワンセットで見るようにしましょう。

相場の流れをつかんでおく

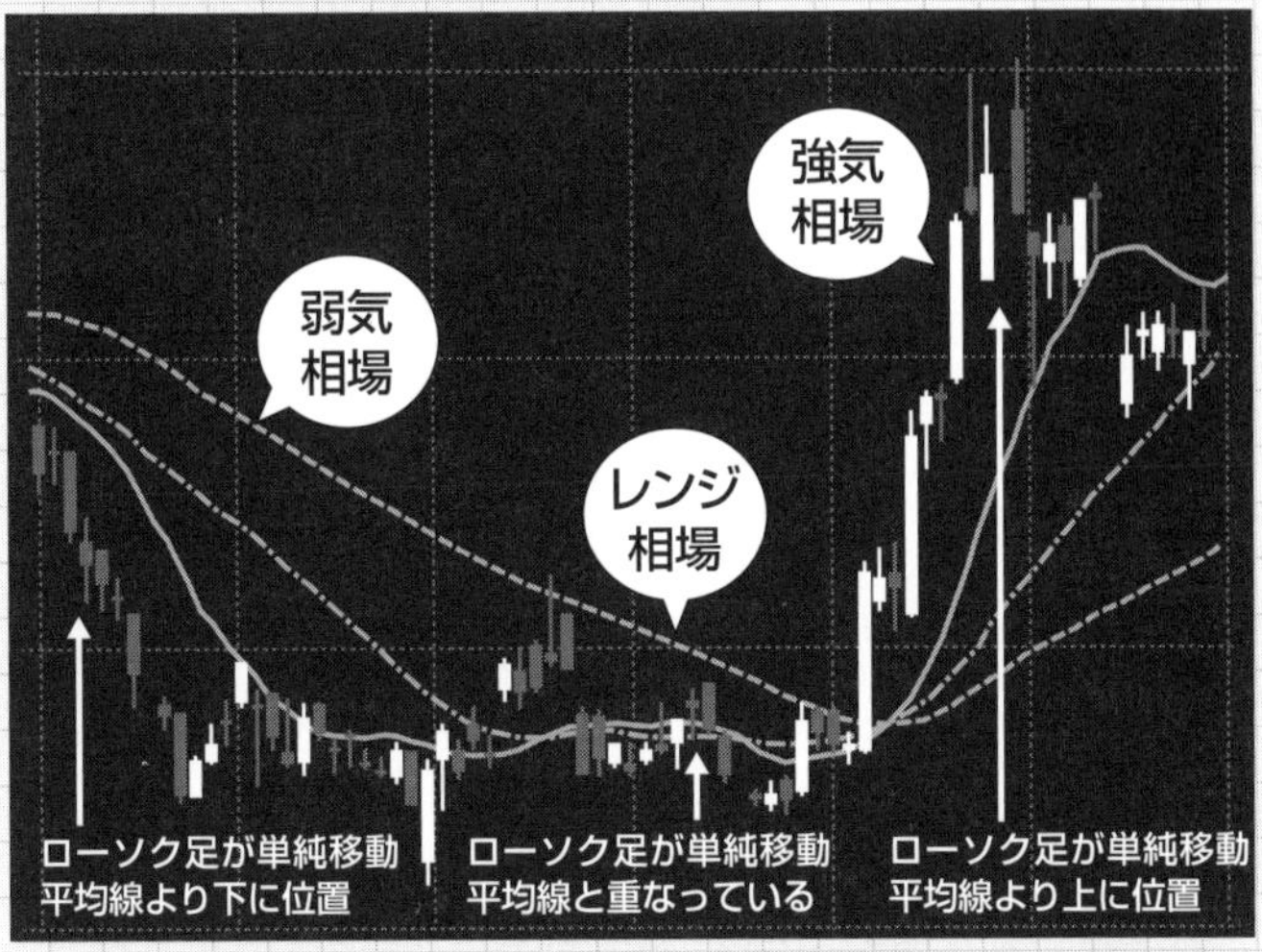

弱気
相場
レンジ
相場
強気
相場
ローソク足が単純移動
平均線より下に位置
ローソク足が単純移動
平均線と重なっている
ローソク足が単純移動
平均線より上に位置

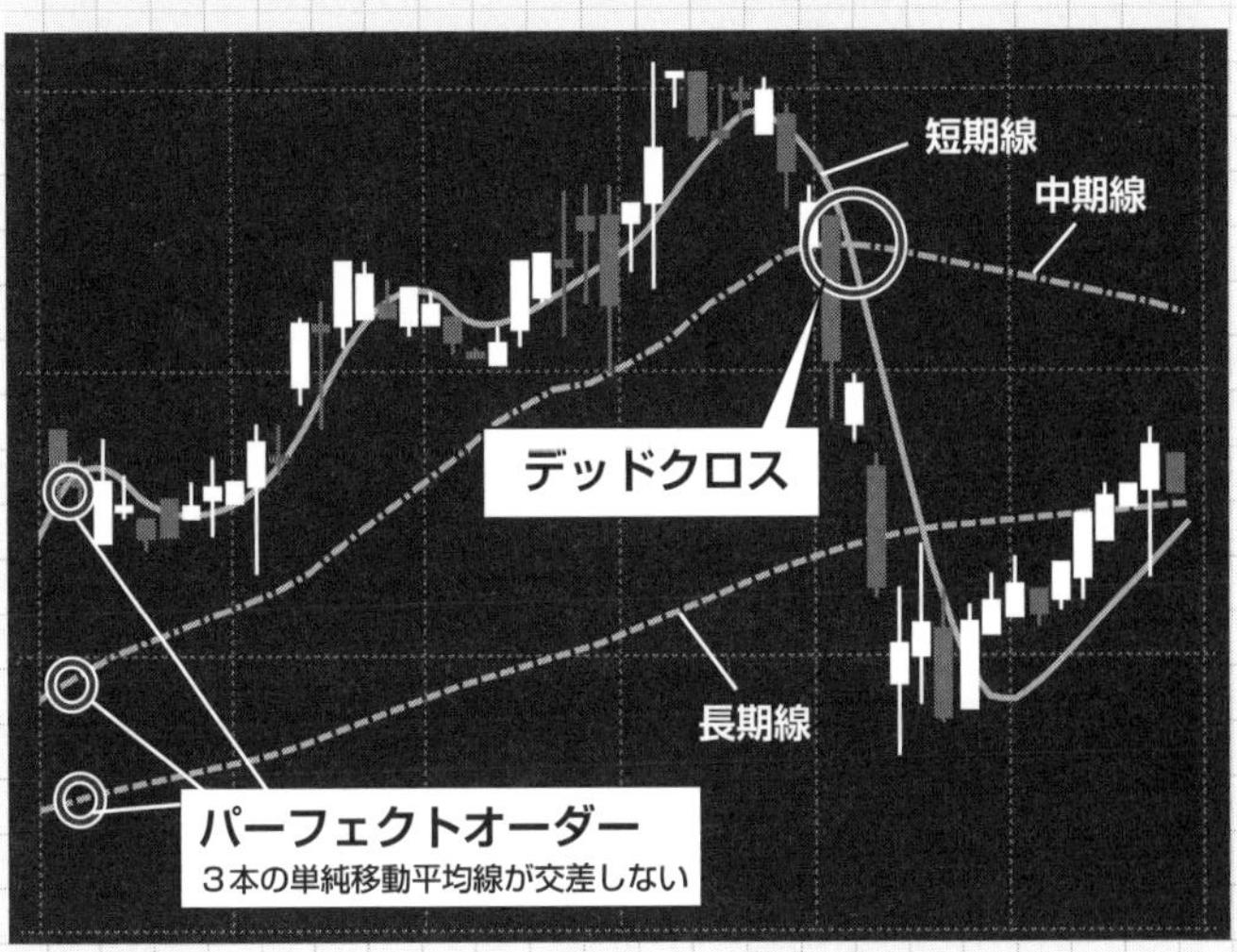

短期線
中期線
デッドクロス
長期線
パーフェクトオーダー
3本の単純移動平均線が交差しない

チャートの見方を教えます その08

投資家たちの心理を表す優れた指標

「ローソク足」は位置によって意味が異なる

「ローソク足」は、大きく13種類に分けられます。①「小陽線《しょうようせん》」、②「小陰線《しょういんせん》」、③「大陽線《だいようせん》」、④「大陰線《だいいんせん》」、⑤「陽《よう》の丸坊主《まるぼうず》」、⑥「陰《いん》の丸坊主《まるぼうず》」、⑦「上影陽線《うわかげようせん》」、⑧「上影陰線《うわかげいんせん》」、⑨「下影陽線《したかげようせん》」、⑩「下影陰線《したかげいんせん》」、⑪「十字線（寄引同時線《よりひきどうじせん》）」、⑫「トンボ」、⑬「トウバ」です。①と②を「コマ」、⑦と⑧を「トンカチ」、⑨と⑩を「カラカサ」とも呼びます。

「ローソク足」は、相場における投資家たちの心理状態を明瞭にする、優れた指標です。

「コマ」は、投資家たちが気迷い状態で、売買のエネルギーが拮抗している状態です。

それだけに高値圏、または安値圏で「コマ」が出現すると、トレンド転換のサインとなります。⑪の「十字線」は、さらに強いトレンド転換のサインになります。

「大陽線」と「大陰線」はしばらく継続する強いトレンドが発生しているサインです。

「上影陽線」は高値圏では、下降への転換のサイン。逆に安値圏では、上昇への転換のサインです。

「上影陰線」は、高値圏で下降へのサイン。

「下影陽線」は、安値圏で上昇へのサイン。

「下影陰線」は、高値圏では下落へのサイン。安値圏では、上昇へのサインになります。

⑬「トウバ」という形の「ローソク足」は、「始値」と「終値」が同じなので、「陽線」でもなければ、「陰線」でもない。高値圏で「トウバ」が出たら、大ピンチ、下値圏で出たなら、大チャンスと覚えておくといいでしょう。

ローソク足には意味がある

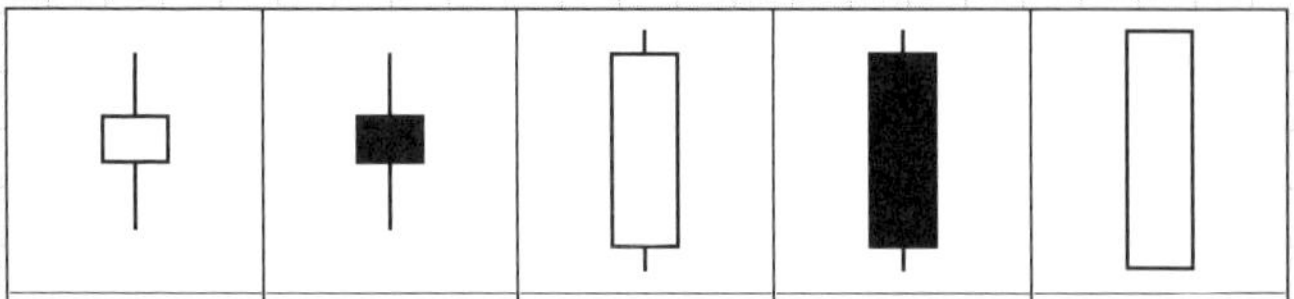

①小陽線	②小陰線	③大陽線	④大陰線	⑤陽の丸坊主
・価格変動が小さい ・コマ	・価格変動が小さい ・コマ	・上昇の勢い強い	・下降の勢い強い	・太陽線でヒゲがない
様子見	様子見	買い	売り	買い

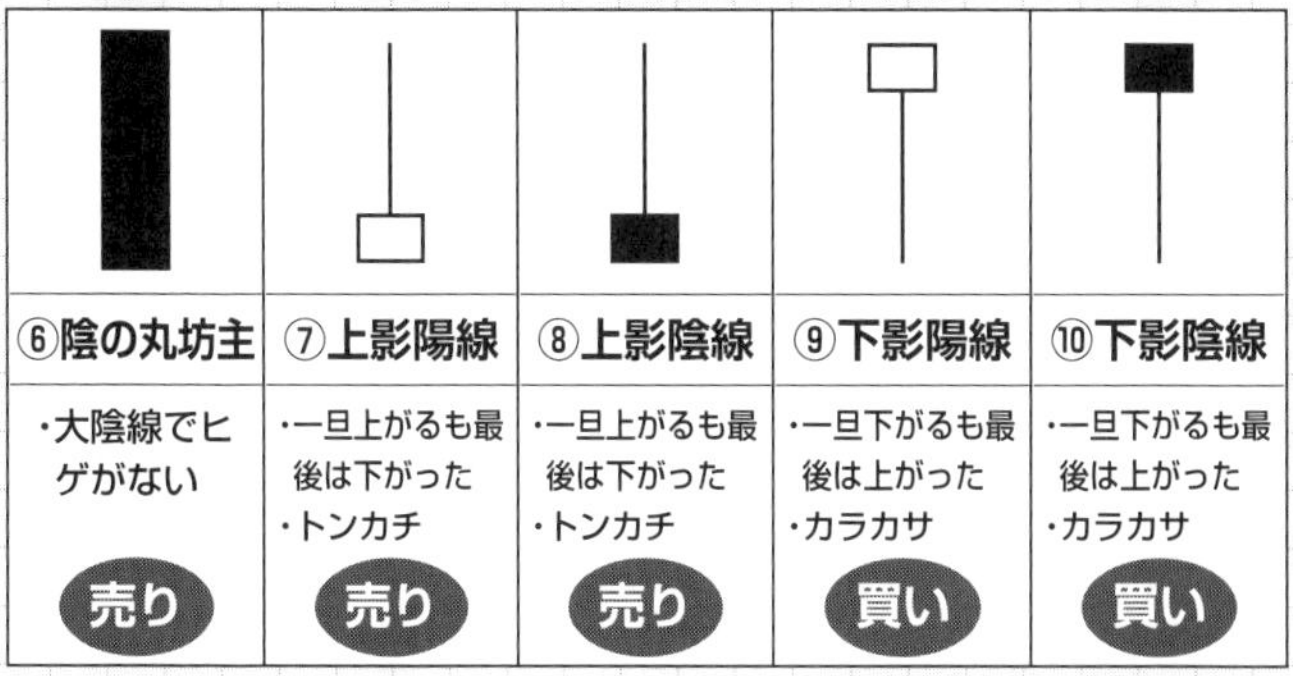

⑥陰の丸坊主	⑦上影陽線	⑧上影陰線	⑨下影陽線	⑩下影陰線
・大陰線でヒゲがない	・一旦上がるも最後は下がった ・トンカチ	・一旦上がるも最後は下がった ・トンカチ	・一旦下がるも最後は上がった ・カラカサ	・一旦下がるも最後は上がった ・カラカサ
売り	売り	売り	買い	買い

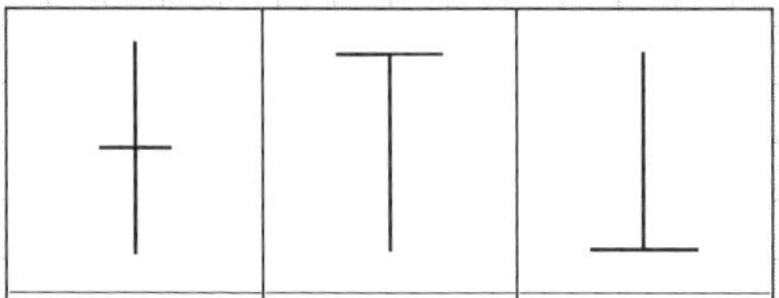

⑪十字線	⑫トンボ	⑬トウバ
・相場が様子見	・一旦下がるも始値に戻った	・一旦上がるも始値に戻った
転換	転換	転換

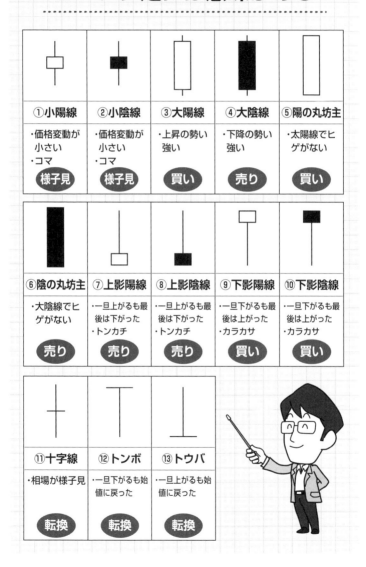

チャートの見方を教えます その09

形は単純だけど情報は実に多い

「ローソク足」の意味を深掘り

前項の①と②の「コマ」は、投資家が判断をしかねているという「迷い」のサインです。上下の「ヒゲ」が長い時は、それだけ、値幅が大きい動きだったということです。③と④の「大陽線」「大陰線」は、相場の初期に出現した場合は、トレンドが長く続くことが多い、強力なサインです。

⑦の「上影陽線」は、高値圏では上昇後、利確のための売りが出たということ。安値圏では売り方の圧力を跳ね返して、上昇したということです。⑩の「下影陰線」は、大きく下げた後、「押し目買い」が入って、少し値を戻した可能性があります。

⑨の「下影陽線」は、当初は下げたが、大きく買いが入って終値は、高値で終了したということ。⑧の「上影陰線」は、高値圏では、買い意欲も残っているが、投資家心理が「さすがに高い」と高所恐怖症を感じ始めているというサイン。安値圏では、最終的に下げたものの、大きく値を戻すだけの買いの意欲が生まれているということです。

③は、長く続くトレンドが期待できる「大陽線」。柱が長く、利益確定の売りが入ったものの、買いの意欲は極めて強いと考えられます。

④の大陰線は大きく下げています。さらに下落していくと判断できます。⑧の上影陰線は「さすがに高い」と不安の売りが出ていますし、上ヒゲが柱よりずっと長く、「そろそろ、トレンド終了」という投資家心理を表しています。

⑪の十字線や⑬のトウバは転換点の可能性があるので、出現したときは観察していきましょう。

ローソク足で未来を探る！

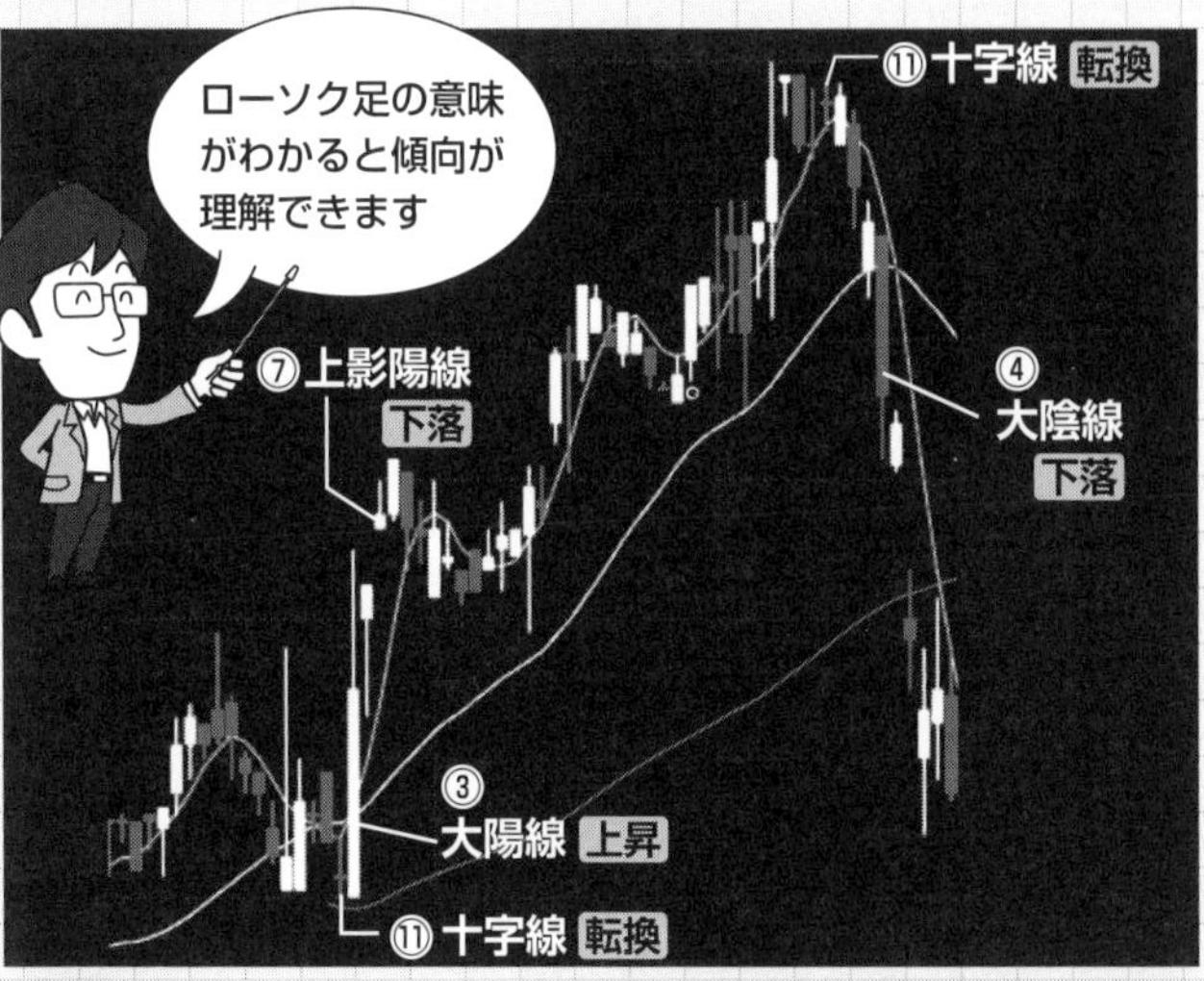

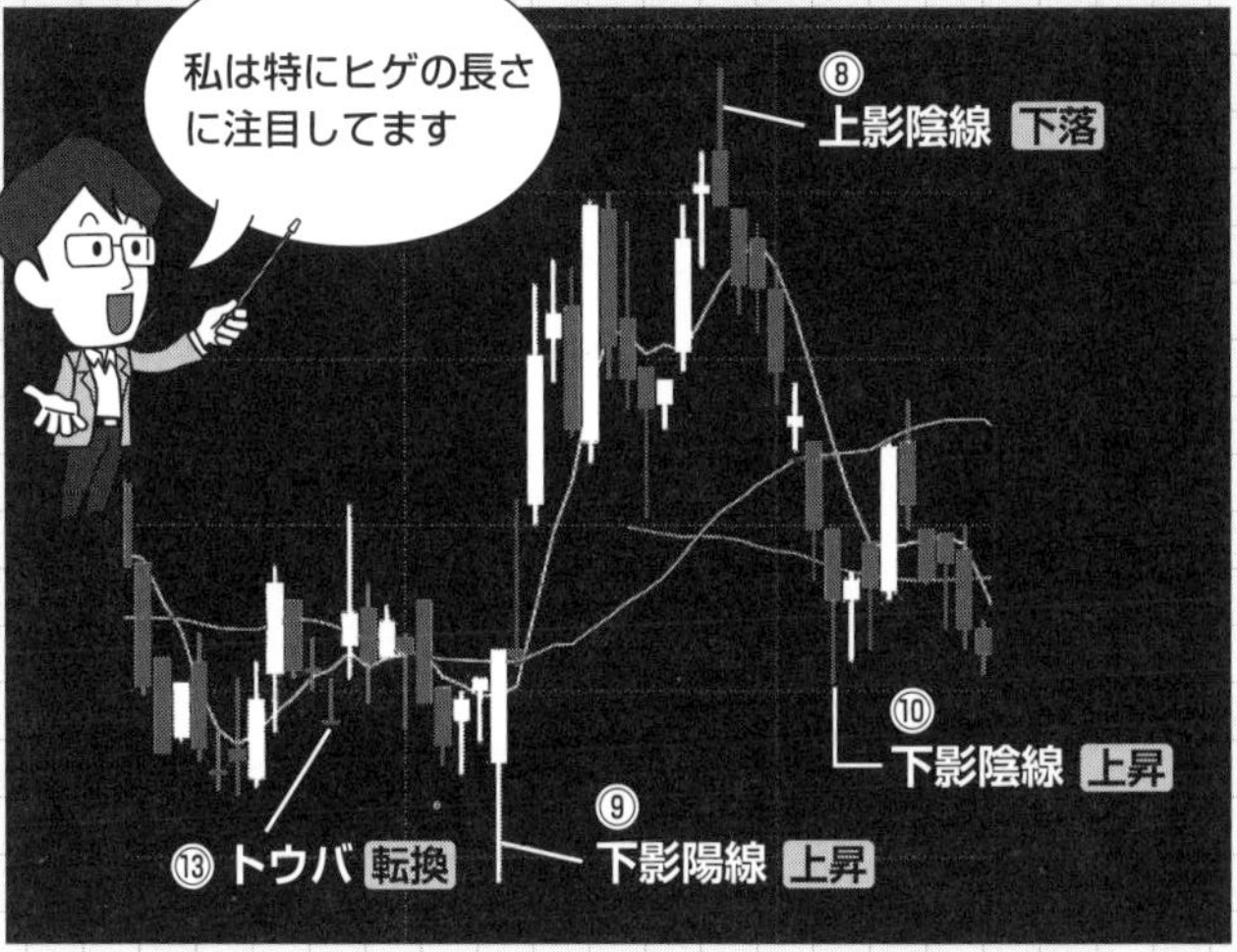

※チャートは楽天証券「iSPEED」より。

チャートの見方を教えます その10

ローソク足の並びで売買のシグナルが分かる
「ローソク足」の組み合わせに注目！

左ページの「ローソク足」をご覧ください。

「小陰線」が出た翌日、それを完全に包み込む形で、「大陽線」が出ています。前日まで下げ相場であったのが、ここで一気に買い相場へ転換したことが見て取れます。安値圏でこの「包み線」が出れば、それは強力な「買い」のシグナルです。

逆ならば、強力な「売り」のシグナルになります。「包み線」と反対に、「大陰線」が出た翌日、「小陽線」が出れば、同じく「トレンド転換」のシグナルにはなりますが、反転の勢いが弱く、この後、大きく株価が切り上げていくかは、判断の迷うところ。

これが、「はらみ線」です。

「大陽線」の後に「小陰線」が出ることを「陽の陰はらみ」、逆に「大陰線」の後に「小陽線」が出ることを「陰の陽はらみ」と言います。

「太陽線」の後に「小陽線」が出ることを「陽の陽はらみ」、「大陰線」の後に「小陰線」が出ることを「陰の陰はらみ」と言います。

このうち、「陽の陽」と「陽の陰」が、下降トレンドへの転換の目安になります。

「陰の陰」と「陰の陽」は、逆に上昇トレンドへの転換の目安になります。ずっと下落を続けてきた株価が、「売られ過ぎ」と判断され、買いの動きが出る可能性がある状態です。

「赤三兵」「黒三兵」は、株価の大幅な上昇、下落の予兆となる、強力なシグナルです。

それぞれ相場全体が強気や弱気に移行した状態を意味しています。

使えるローソク足の組み合わせ

組み合わせ①

包み線

１本目のローソク足が２本目のローソク足の幅の中に入って包み込まれている。

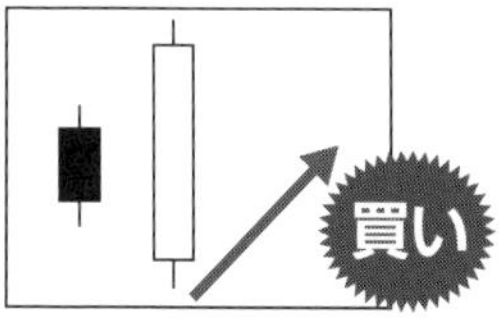

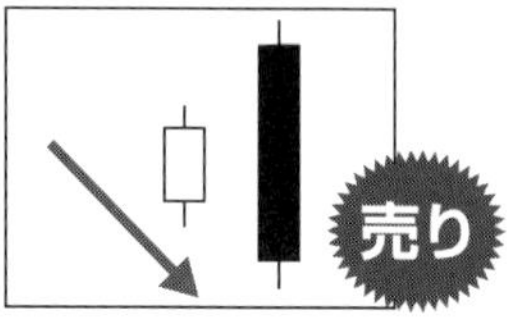

組み合わせ②

はらみ線

１本目のローソク足が母親で、２本目が子で、はらんでいるように見えることからついた。

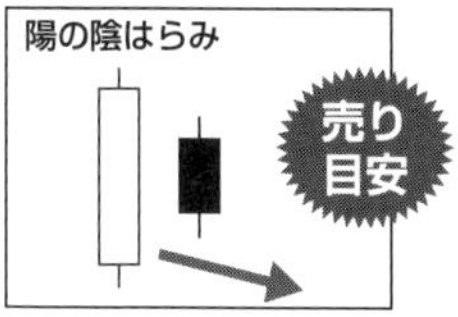

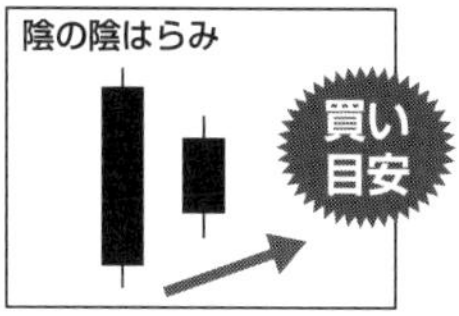

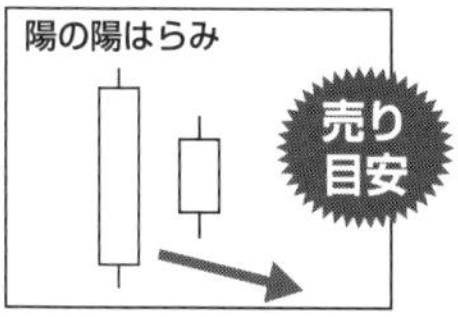

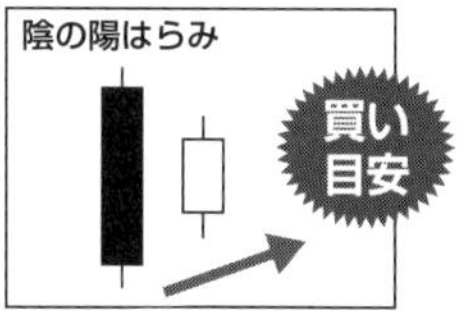

組み合わせ③

三兵

陽線、陰線が３本連続で出た状態。

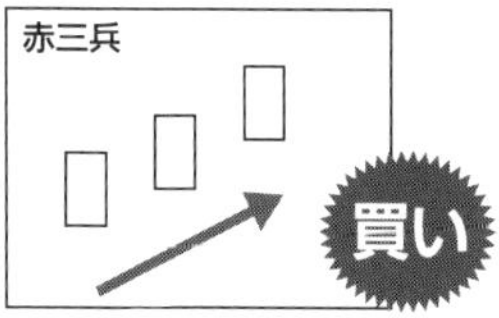

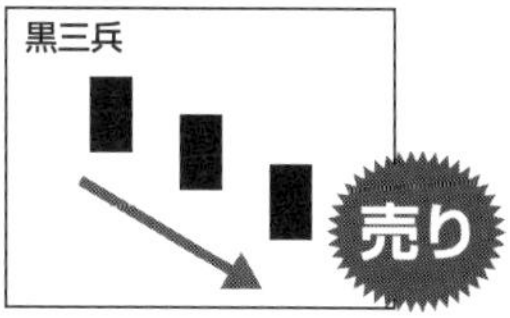

チャートの見方を教えます その11

投資家の心理を読むと勝利に近づく「カップ・ウィズ・ハンドル」は買いのサイン

左ページのチャートをご覧ください。

①下落していた株価が、底値を確認して反転

②カップの縁のあたりまで上昇して、また下落

③再び、縁のあたりで再上昇

この値動きが「コーヒーカップ」のような形状を描き出すことから、「カップ・ウィズ・ハンドル」と呼ばれています。

これは、投資家の心理を如実に反映しています。カップの左側の縁、つまり下降トレンドの初動でこの株を買った人は、下げ続ける株価をにらんで「損切」ができず、そのまま、塩漬けにしてしまいます。しかし、底値で買いが入って株価が反転すると、カップの右側の縁、つまり、自分が買いを入れた時点くらいまで戻すと、ここで売却してしまうのです。

こういうのを「ヤレヤレ売り」と言います。「ヤレヤレ、損をせずに済んでよかった」

「楽天証券 iSPEED」を起動させましょう。

コーヒーカップの形をしたチャートを探して、「描画」機能を使います。カップの左の縁をタップして、右の縁までドラッグ。オレンジのラインが引かれました。これが「上値抵抗線」を意味する「ネックライン」になります。そのオレンジのラインをさらに右側まで伸ばし、「ネックライン」で下落し、再反発するまで待機します。株価が「ネックライン」を下から上に突き破った時点で「エントリー」です。

チャートパターンを丸暗記するのではなく、「なぜ、こんな現象が起こるのか?」、その理由を理解するようにしましょう。

覚えやすい形で「買い」トライ！

カップ・ウィズ・ハンドル

取っ手の付いたコーヒーカップの輪郭に似ている買いシグナル

■カップ・ウィズ・ハンドルの例

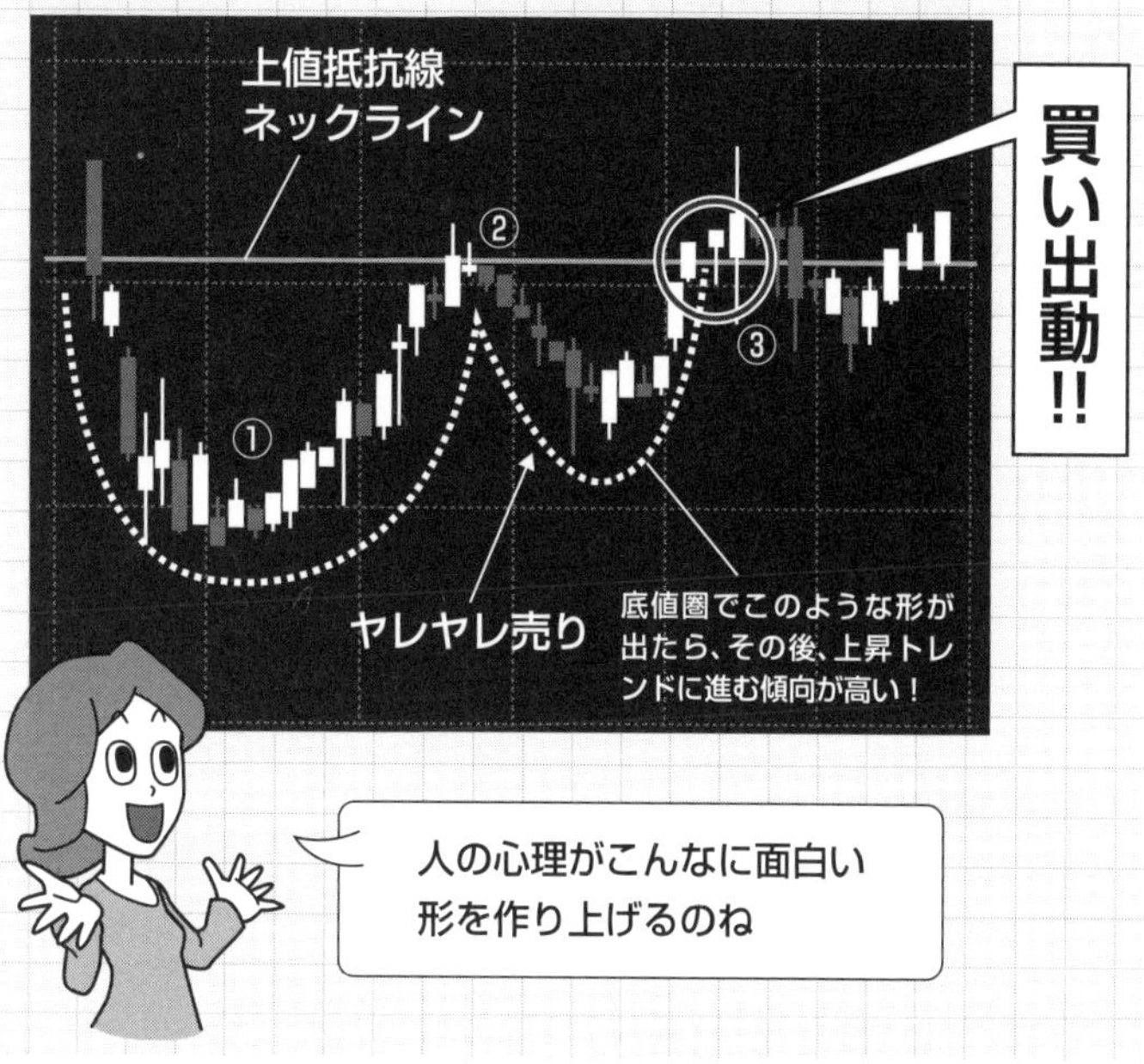

上値抵抗線
ネックライン
②
①
③
買い出動!!
ヤレヤレ売り
底値圏でこのような形が出たら、その後、上昇トレンドに進む傾向が高い！
人の心理がこんなに面白い形を作り上げるのね

チャートの見方を教えます その12

現在でも色あせない有用な手法
「グランビルの法則」でタイミングを狙う

「グランビルの法則」とは1960年代、米国の金融アナリスト、ジョゼフ・グランビルが考案した投資手法で、株価と単純移動平均線との関係で、エントリーのタイミングを計ろうという手法になります。「グランビルの法則」は、4つの買いパターンと4つの売りパターンから構成されています。

①は、「ローソク足」が「25日単純移動平均線」を下から上にブレイク（ゴールデンクロス）で買い。

②は、「デッドクロス」の後、「ローソク足」が上向いたら、「押し目買い」のポイント。

③は、「デッドクロス」直前で反発。これも「押し目買い」のポイント。

④は、単純移動平均線から乖離が大きくなり過ぎたポイントでリバウンドを狙います。

⑤は、「ローソク足」が「25日単純移動平均線」を上から下にブレイク（デッドクロス）で売り。

⑥は、下降トレンド中の一時的なリバウンドで、逃げ遅れを防ぐため、売り。

⑦は、「ゴールデンクロス」ならず、押し目で売りのポイント（ただし、「空売り」）。

⑧は、株価が単純移動平均線からあまりにも乖離が大きく、その後、下落に転じる可能性が高いため、ここで利確の売りポイント。

「グランビルの法則」は、古い手法ですが、「グランビルの法則」の発展形である「増田足」は、「Yahoo!ファイナンス」「ＩＦＩＳ」でも採用されています。

現在でも色あせない、有用な手法であると言えます。

グランビルの法則は８種類

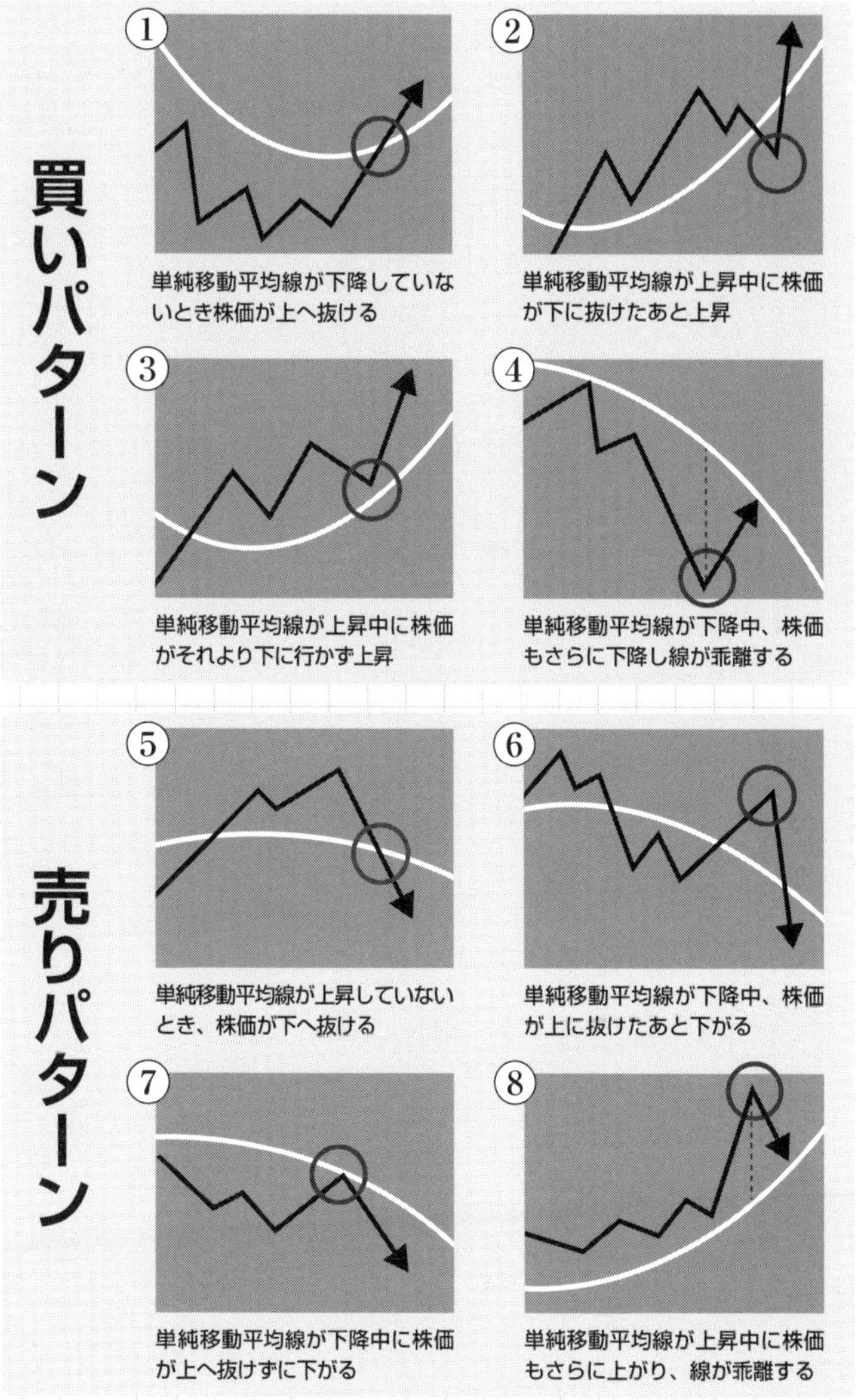

単純移動平均線が下降していないとき株価が上へ抜ける

単純移動平均線が上昇中に株価が下に抜けたあと上昇

単純移動平均線が上昇中に株価がそれより下に行かず上昇

単純移動平均線が下降中、株価もさらに下降し線が乖離する

単純移動平均線が上昇していないとき、株価が下へ抜ける

単純移動平均線が下降中、株価が上に抜けたあと下がる

単純移動平均線が下降中に株価が上へ抜けずに下がる

単純移動平均線が上昇中に株価もさらに上がり、線が乖離する

チャートの見方を教えます その13

ポピュラーな指標を少数精鋭で…
複数の指標を組み合わせて欠点を補おう

「テクニカル分析」には、「トレンド系」(単純移動平均線・ボリンジャーバンド・一目均衡表など)と、「オシレーター系」(RSI・MACD・ストキャスティクスなど)の2種類があります。

「トレンド系」は、相場の方向性と強度。「オシレーター系」は、「買われ過ぎ」「売られ過ぎ」を判断する指標です。最も重要なのは、「単純移動平均線」と「ローソク足」チャートであることは間違いありません。どの投資家も、この2つは必ず見ています。

「ダイバージェンス」と「コンバージェンス」を思い出してください。これらは、実際の株価の値動きと「オシレーター系」の数値が逆行している現象のことです。「ダイバージェンス」と「コンバージェンス」は、「トレンド系」と「オシレーター系」の指標を併用していないと発見することができません。

しかし、どんな優れた指標にも欠点が存在します。10年、20年と株式投資を続けて、「トレンド系」と「オシレーター系」の最も適切な組み合わせは何かを探求してきた投資家たちも、結局、答えを見つけ出すことはできないのです。

大切なことは、大勢の投資家たちが使っている、ポピュラーな指標を少数精鋭で使うことだと思います。それによって、①「指標の使い方に習熟することができる」、②「異変が発生した時、素早くそれを感知することができる」、③「ほかの投資家たちの心理状態を把握できる」のです。

「トレンド系」と組み合わせる「オシレーター系」は、長所と短所を考えて使い分けてください。

株の値動きを分析するときは組み合わせが便利

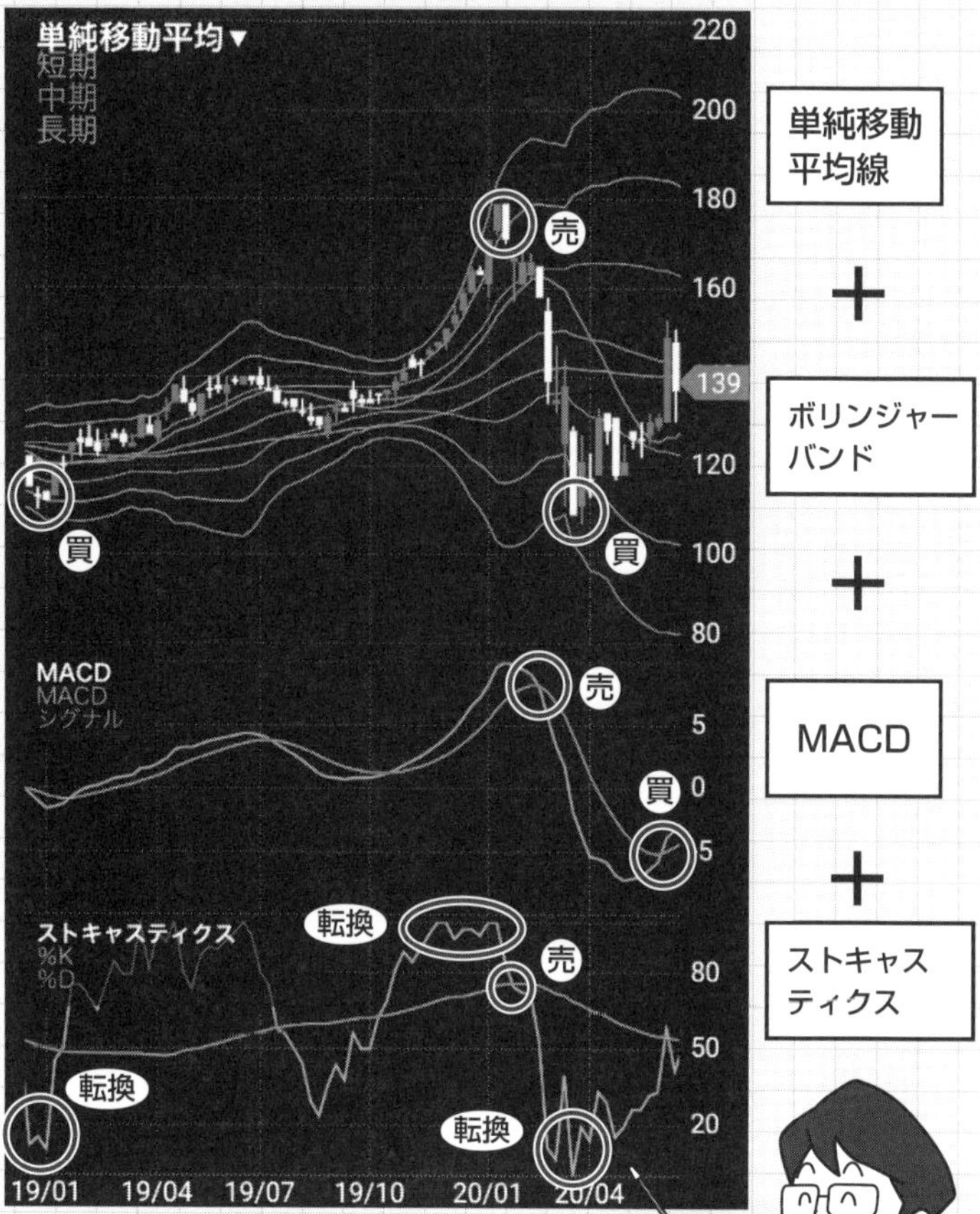

※チャートは楽天証券「iSPEED」より

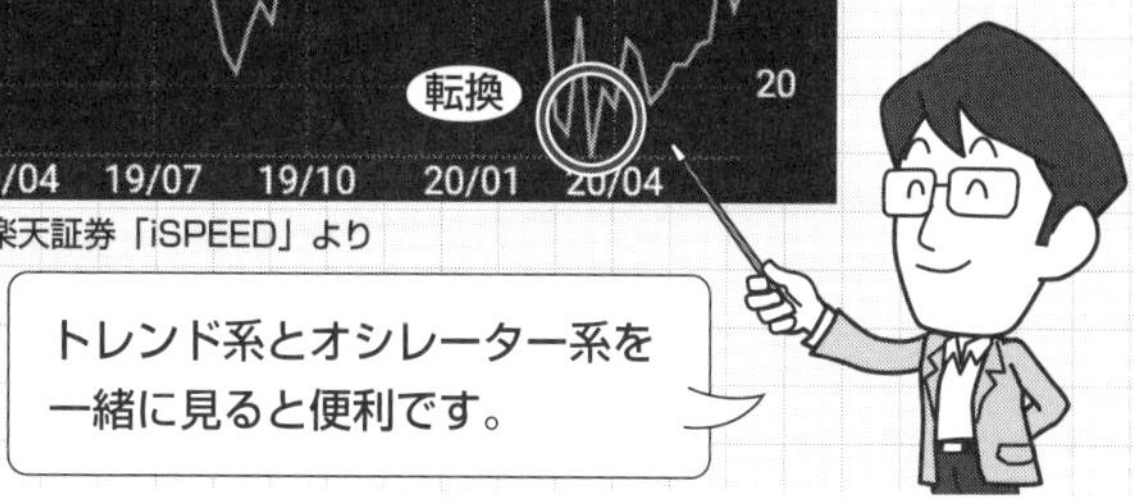

チャートの見方を教えます その14

一次的な安値圏を狙ってエントリー

「押し目買い」の「押し目」とは？

「押し目」とは、株価が上昇トレンドを描いている時、一時的に下落し、その後、また上昇し始めた時のポイントを言います。株の世界では、株価が下落することを「押す」と呼ぶところから来ています。

この「押し目」を狙ってエントリーする手法を「押し目買い」「押し目を拾う」と言います。

上昇トレンドでは、チャートの所々に落ちくぼんだポイント、つまり「押し目」を作りながら、緩やかに切り上がっていきます。つまり、「押し目買い」とは、上昇トレンドの中の一時的な安値圏で買いを入れるテクニックであると言えます。

どこでエントリーするかは、一般的に、

①1／3 押し（高値と安値の差の3分の1のポイントでエントリーする）、1／2押し（高値と安値の差の2分の1のポイントでエントリーする）

②移動平均線を下値支持線（サポートライン）として、株価が反転するポイントを「押し目」とする。

③「ローソク足」の安値を結んだトレンドライン上で株価が反転するポイントを「押し目」とする。

この3つのやり方が一般的です。

「押し目買い」を成功させるには、

①その銘柄が確実に上昇トレンドに乗っていることを確認する。

②上昇の途中に小さな下降のポイントが発生したことを確認する。

③一時的な下降が終了し、再び、上昇トレンドが始まったことを確認してエントリー。

何より、タイミングを見極めるのが肝心です。

株価の休憩タイムを見逃さない

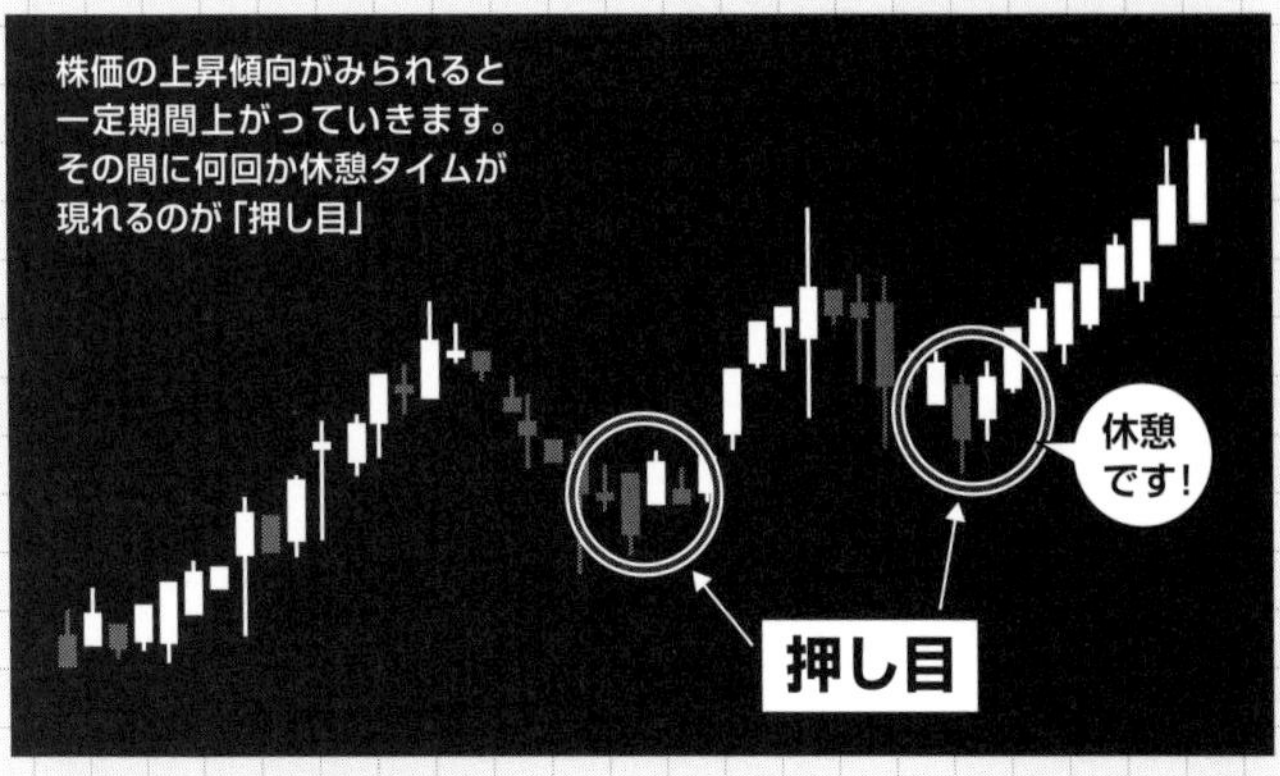

押し目の主な種類

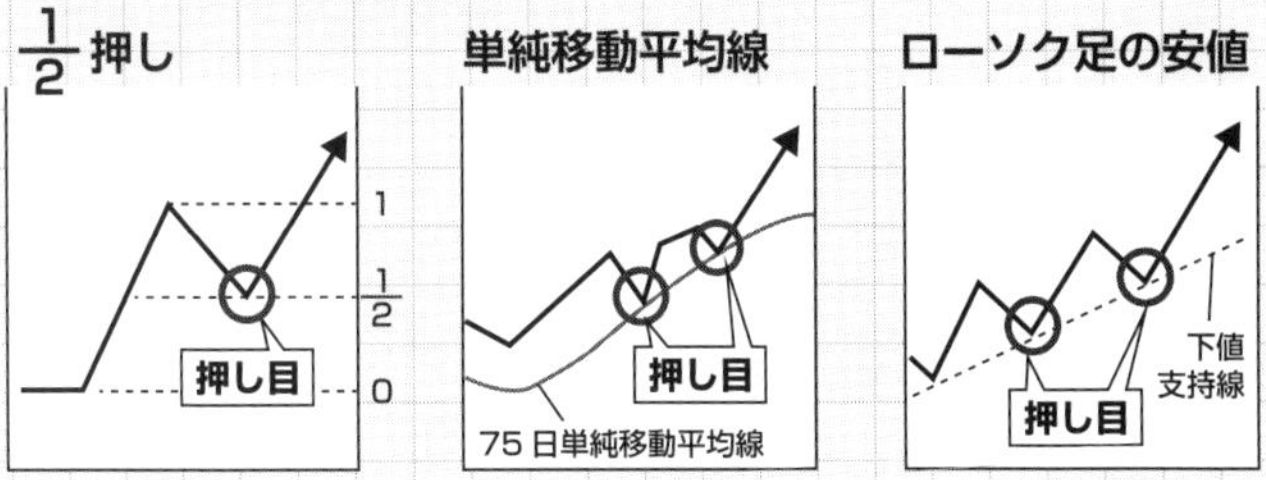

押し目買いが有効な理由

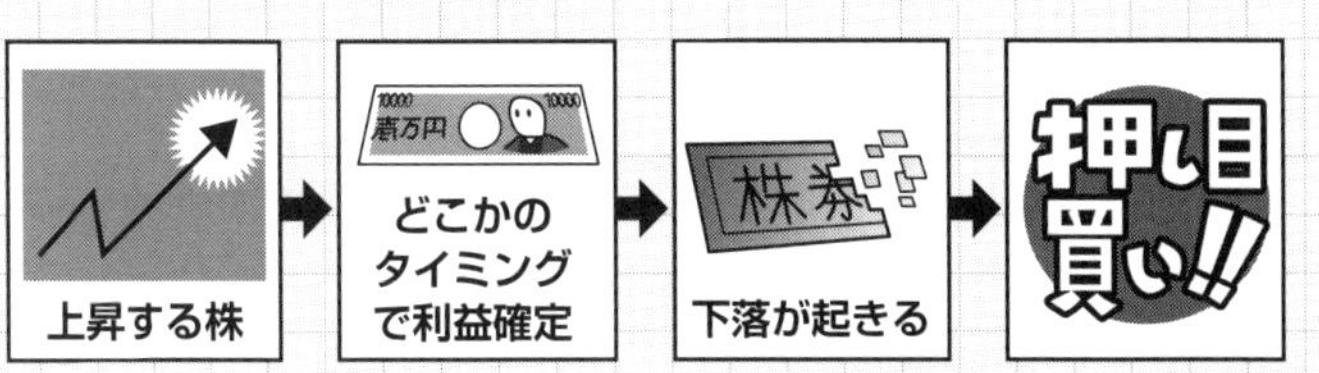

チャートの見方を教えます その15

株の教科書にはない値動き「ダマシ」って何？

「スイングトレード」において最も重要なのは、チャートの動きから株価の先行きを判断する「テクニカル分析」です。「ダマシ」とは、この「テクニカル分析」において、教科書通りに株価が動いてくれないことを言います。ネットの投資支援サイトなどで、「ダマシに引っかかった」という書き込みを目にすることがあれば、それは、「株価が指標のシグナル通りに動いてくれなかった」という意味です。

入門書を読んで、「ゴールデンクロス」と「デッドクロス」を知ると、「これで自分も大金持ちだ」と欣喜雀躍《きんきじゃくやく》したりします。しかし、実際には、株価の急落直後、急上昇して「ゴールデンクロス」が発生したのに、そこが天井で下降し始めるなどということが起こります。個人投資家は、セオリー通りにトレードすることが多く、シグナルが出るとそのシグナル通りに売買のオーダーを出しがちです。機関投資家は、そのマネーの動きを狙って、人為的に「ダマシ」を作り出すことがあるのです。

機関投資家が大量の株を売りたい時、意図的に株価を釣り上げて、個人投資家が提灯をつけた時に一気に売り抜ける、このやり方を「ダマシ上げ」と言います。この反対に大量の株を買いたい時、一度、株価を大きく下げさせてから、個人投資家が投げ売りした株を安く買い集める、このやり方を「仕掛け売り」と言います。日常的に収益を出さなければならない機関投資家は、こうやって個人投資家たちを「食い物」にすることもあるのです。

株式市場は、恐ろしい弱肉強食の場でもあります。

思い通りにいかないときの対処法も考えておこう

株式相場は難しい

up or down ?

・相場は法則通りに動くとは限らない

・売買のシグナルが出たのに予想とは逆の値動き（「ダマシ」）をすることがある

「ダマシ」の原因
・偶然発生　・急な需給バランス変更
・大口投資家が有利な売買をするために意図的に作る

大口投資家

「ダマシ」にあわないための２大鉄則

【鉄則１】
いつもの指標だけでなく他の指標も見る

【鉄則２】
株価が動く材料（理由）があるかを確認する

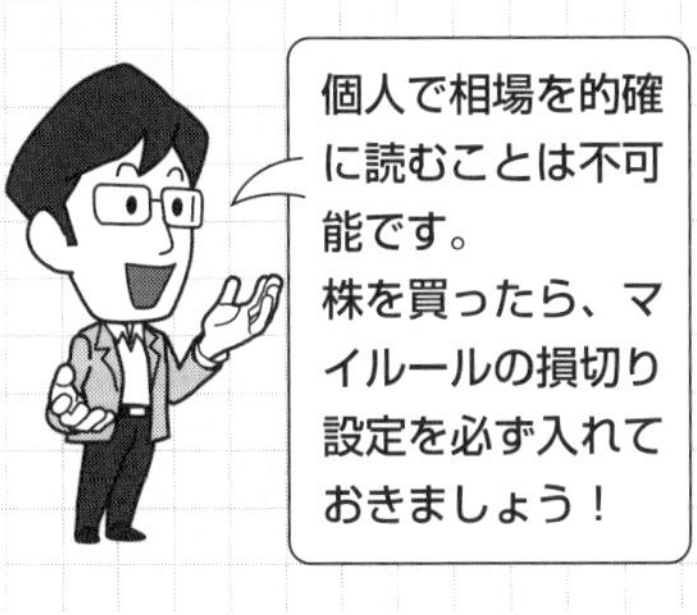
個人で相場を的確に読むことは不可能です。
株を買ったら、マイルールの損切り設定を必ず入れておきましょう！

「逆指値」注文が便利！

例：
1000円で買った株に５%ダウンで損切りのマイルールを設定しておいた場合、「950円以下」になったら「成行」の「売り」の逆指値注文を入れておく。

チャートの見方を教えます その16

「チャート」の形状から銘柄を探す

希望の条件に沿って銘柄を提示

たまたま、目にしたチャートがコーヒーカップの形をしていたら、「これは、カップ・ウィズ・ハンドルだ」と分かります。逆に、求めているチャートの形をしている銘柄を探したいと思ったら、どうすればいいでしょう?

そんな場合は、「チャート形状探索ツール」を使用します。「楽天証券 iSPEED」を起動させましょう。「ログイン」画面下段の「検索」をタップ。続いて、「チャートの形状」をタップ。9パターンの画面では、9種類のチャートパターンが表示されます。

25種類のチャートパターンの閲覧もできます。

順張りで上昇トレンドに乗りたいなら、「急上昇」「上昇」を形作るチャートパターンを閲覧すればいいし、逆張りで底値を拾いたいなら、「下落」「下げ止まった」を形作るチャートパターンを閲覧します。

また、「市場」「出来高」「投資金額」「値動き」「期間」の5つのカテゴリーごとにチャートパターンを表示することができます。デフォルトでは、「市場」が「すべて」「出来高」が「すべて」、「投資金額」が「すべて」「値動き」が「すべて」、「期間」が「すべて」になっています。カテゴリーごとに自分が確認したい条件をインプットすれば、その条件に合ったチャートパターンが表示されます。

条件を入力したら、確認したいチャートパターンをタップしましょう。現在、その条件に合ったチャートパターンを示している個別銘柄が表示されます。

これで、自分が望むチャートパターンの形状を示している個別銘柄を確認することができます。

自分に合ったチャート形状を探す

楽天証券　iSPEEDの使用例

※画像は楽天証券「iSPEED」より

9パターン

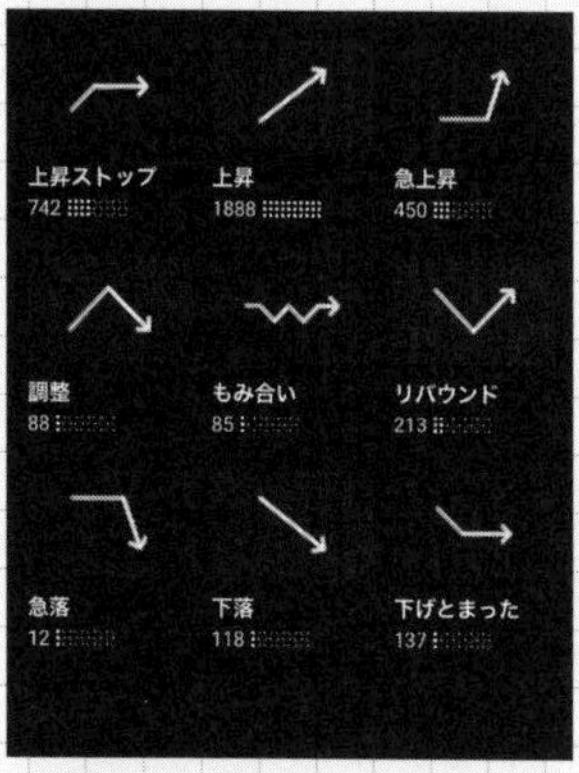

条件を指定しないと、9つのチャートパターンと対象銘柄数が出る。

25パターン

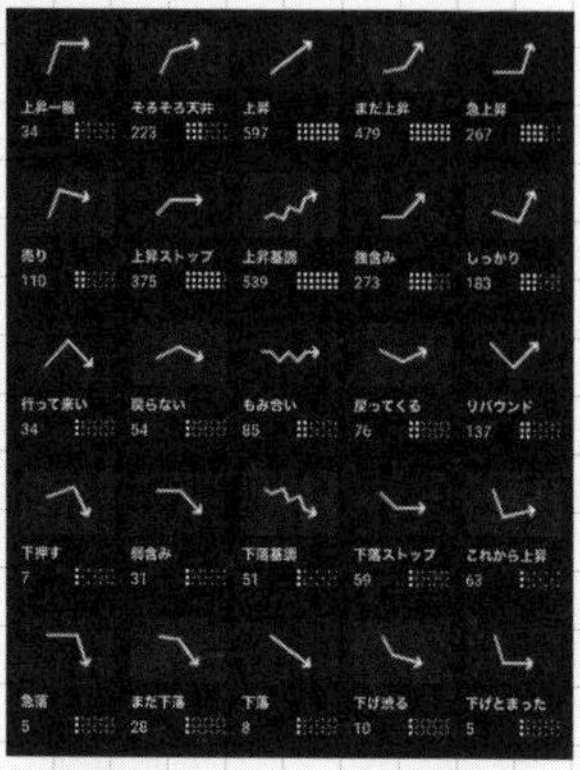

25 のチャートパターンと対象銘柄数も選べる。

個別銘柄表示

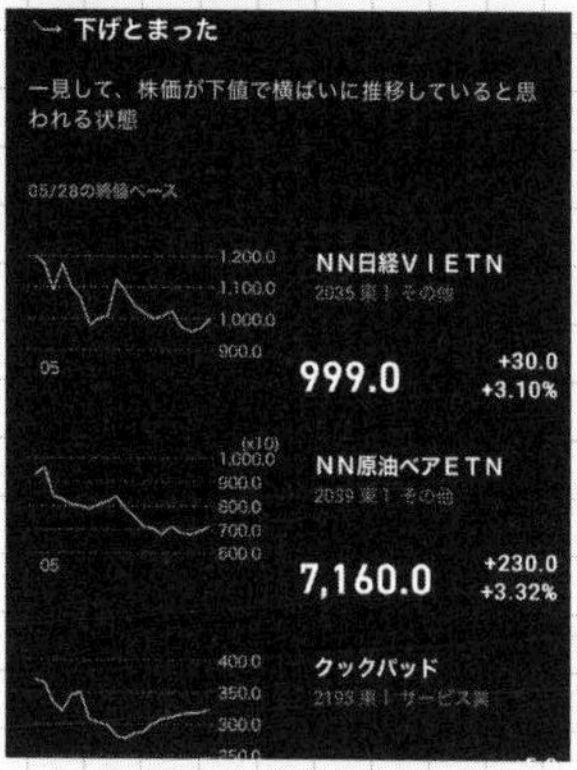

上記のチャートパターンをタップすると該当する個別銘柄が表示される。

条件指定

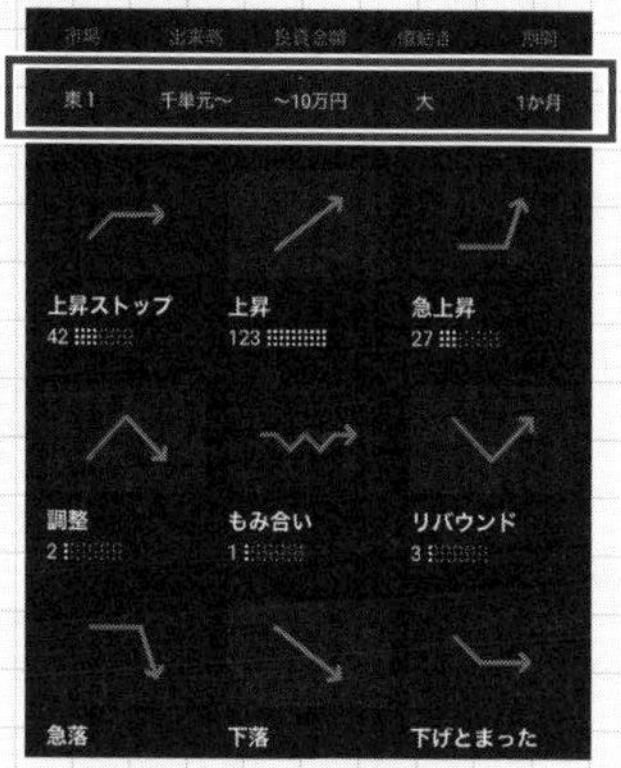

条件を入力すると、対象が絞られるので、求める銘柄を探しやすい。

コラム5

ドルコスト平均法による定期購入が増大

「ドルコスト平均法」とは、長期的視野に立って資産を形成していく積立投資の手法として、ポピュラーなものです。

投資信託や有価証券は、当然、価格が変動していくものですが、それを常に一定の金額ずつ、時間を分散して、かつ定期的に購入し続けるというやり方です。

例えば、投資額が120万円の場合、120万円を一括で支払って商品を購入するのではなく、毎月10万円ずつ、12か月にわたってその商品を買い続けるという形になります。

金融商品の値段が変動するということは、同じ商品であっても、高価な時もあれば安価な時もあるということですね。それを常に同じ金額で購入し続けるということは、同じ商品であってもたくさん買えたり、少ししか買えなかったりするということになります。

その結果、リスクとリターンが「平準化」され、毎月、同じ銘柄を同じ数量で買い続けた場合に比べて、平均値の面で有利になると言われています。

長期的視点でリスクをコントロールし、安定的な収益を得たい場合、使われる手法です。

当然ながら、短期的に大きなキャピタルゲインを狙いたい場合に使える手法ではありません。

もちろん、デメリットもあって、例えば、その金融商品（株・投信など）が上昇相場にある時、常に高値掴みをしてしまうことになり、トレンドの初動で一括してその商品を購入した場合に比べると、利益が少なくなりますので、短期投資として向いていません。長期向きの投資で、暴落などには強いといえます。

【第六章】

役立つ情報をゲットしよう

役立つ情報をゲットしよう その01

投資家が注目する銘柄を探せる「投資支援サイト」を活用しましょう

「スイングトレード」にとても役立つサイトをご紹介します。いずれも銘柄選定に有益な情報を発信するサイトですが、このサイトでは、特にここを見てほしいというポイントがあります。

まずは、定番の「Yahoo! ファイナンス」。

このサイトでは、「掲示板」に注目。

「なぜ、この銘柄は急騰したのか?」「ほかの投資家たちは、この銘柄をどう考えているのか?」

急騰の材料やその背後の状況などを、コメントによって知ることができます。例によって、「毒吐き」「煽り」全開ですから、冷静な判断が必要です。

次に、「株探《かぶたん》」。このサイトでは、「株価注意報」に注目してください。「年初来高値更新銘柄」「年初来安値更新銘柄」を一覧することができます。また、「株探」では業績は3か月ごとに公開されます。

次に「みんかぶ」。このサイトでは、「達人の予想」「みんなの株価予想」に注目。腕利きトレーダーがこれからの値動きをどう見ているか、実際に株を買う一般投資家はどう判断しているのか、その見解が書かれた記事を読むことができます。

「IFIS」では、「IFISコンセンサス」に注目。「コンセンサス」とは株の世界で、アナリストたちによる平均的な業績予想のことです。「IFISコンセンサス」は、分析のプロであるアナリストたちの業績予想が集約されていて、これまで機関投資家たちが用いてきたものです。これを個人投資家が使用することができます。これらのサイトをブラウザーの「お気に入り」に設定しておきましょう。

「スイングトレード」には情報収集が欠かせません

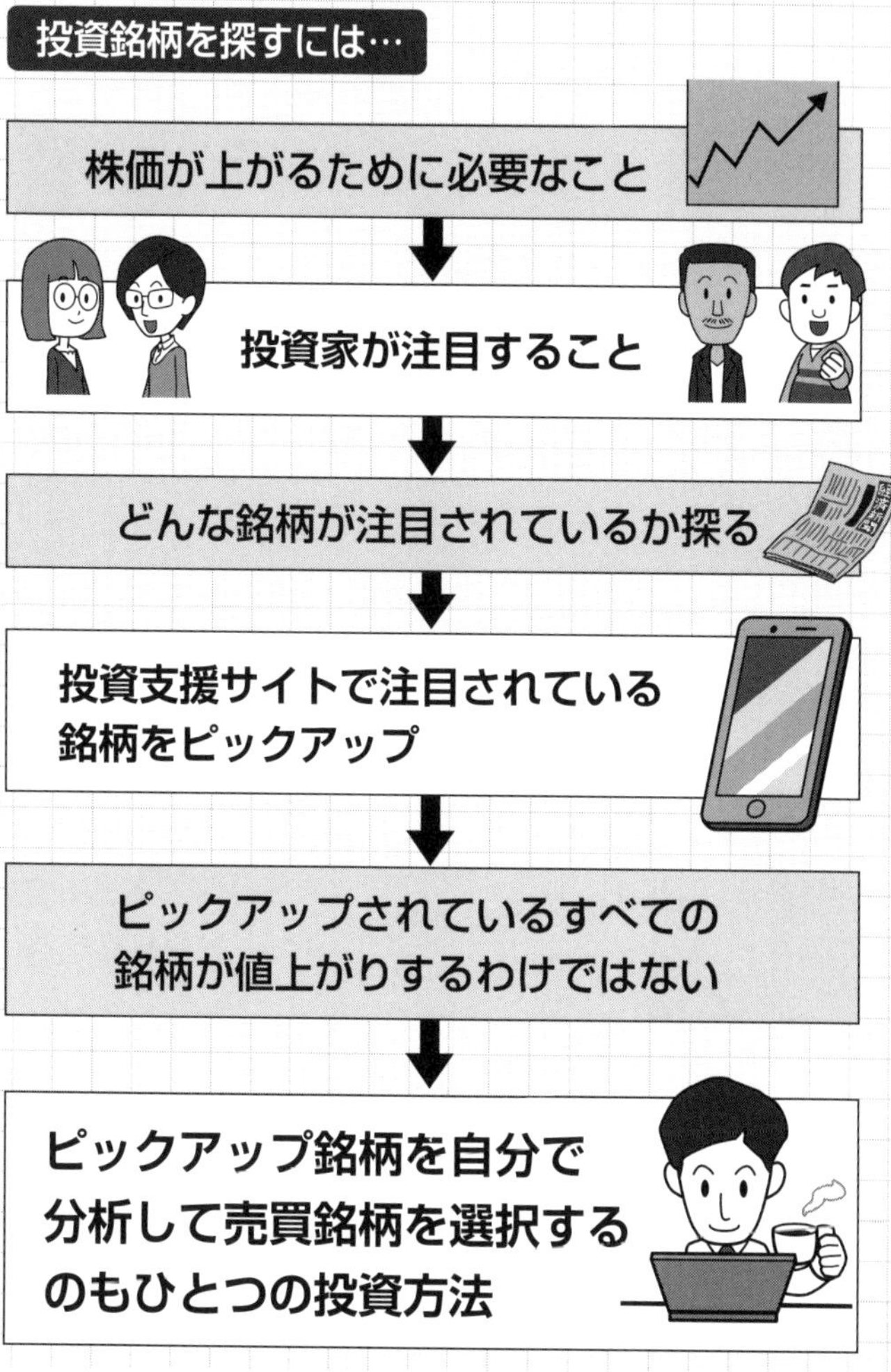
投資銘柄を探すには…
株価が上がるために必要なこと
投資家が注目すること
どんな銘柄が注目されているか探る
投資支援サイトで注目されている銘柄をピックアップ
ピックアップされているすべての銘柄が値上がりするわけではない
ピックアップ銘柄を自分で分析して売買銘柄を選択するのもひとつの投資方法

役立つ情報をゲットしよう その02

為替レートにダウ、日経平均先物…株価に影響を与える指標をチェック！

①「JPY／USD」の為替レート ②ダウの値動き ③日経平均先物の動き。最低、この3つはチェックするようにしましょう。①基本を確認しましょう。円安／ドル高の場合、外需・輸出型企業にメリットが生まれます。円高／ドル安の場合、内需・輸入型企業にメリットが生まれます。

日経平均株価は、外需・輸出型が数多く組み込まれているため、円高／ドル安は市場全体の株に大きなダメージを与えることになります。

②日米の証券市場は、開いている時間帯が真逆になります。それだけにNYダウの値動きが、日経平均株価に連続的な影響を与えます。ダウが上昇すれば、続いて日経平均株価も値を上げることが多いし、ダウが軟調ならば、日本市場も地合いが悪くなりがちです。ダウが大幅下落したとしても、日本の市場は閉まっていますから、どうしようもありませんね。これを「オーバーナイトリスク」と言います。

③日経平均先物は、225種の銘柄で構成される日経平均株価の指数に対する先物取引で、いわゆる金融派生商品（デリバティブ）になります。

先物とは、簡単に言えば、「ある銘柄を」「あらかじめ決められた期日に」「あらかじめ決められた価格で買う」という約束のことです。よく、株式ニュースなどで、「先物主導で日経平均株価が上昇」という解説が聞かれますが、これはまず、「日経平均先物が買われ、それに従って日経平均株価が動く」という意味です。日経平均先物をチェックすることによって、相場の強弱を判断することができます。

朝起きたら指標を必ずチェック！

楽天証券 iSPEEDの例

円とドルの為替

数字の幅があまりないなら影響はありませんが、大きく動いたときは注意！なぜ変動したのかはニュースで確認しましょう。

NYダウやNASDAQの値動き

米国の証券市場の動きは全世界に影響を与えます。NYダウが上昇したから世界のすべての市場が上がるわけではありませんが、金融の世界はグローバル化していますので、日本市場は特に連動することが多いです。

日経平均先物

米国市場の日経２２５先物の数値は特に参考になります。ただし、先物の数字がそっくりそのまま日経平均と同じになるわけではありません。上昇か下降かの目安にはなります。

※画像は楽天証券「iSPEED」より

役立つ情報をゲットしよう その03

有益な情報が詰まった宝箱的な存在
投資サイトのコラムを熟読しよう

ネットには、株式投資に役立つコラムがたくさんあります。日頃からそれらに親しんでおくと、投資に役立つ情報が得られるだけでなく、経済や金融の仕組みを学ぶことができ、ビジネスや人生設計の面においても役立てることができます。

コラムのテーマは様々です。

「安定的に利益を出せる銘柄の選び方は?」「リタイアまでに2000万円必要って本当?」「分散投資って、なぜ有効なの?」「勝ち組トレーダーになるには、どんな勉強をすればいいの?」などなど。

株式投資を成功させるためには、勉強が不可欠。正しい知識を身に付けなければ、投資の成功はおぼつかないのは当然ですね。

手前味噌ながら、本書のような書籍の良い点は、株式投資について基本的な知識と考え方を学ぶことができる事です。本書を読了していただければ、株式投資の基本の用語とともに、株式投資がどのようなものであるか、どのように実行するのか、その全体像を把握することができるはずです。

一方、活字で書かれた情報は、日々、古くなっていきます。知識をアップデートするためには、やはり、ネットから新しい情報を仕入れていくのが、一番手軽でしかも有用であると考えます。

投資サイトのコラムの内容は多種多様で、投資スタンスによって好みは大きく変わります。ご自身の投資金額、短期か長期か、強気なのか安定性重視なのかなどの立場に合うコラム探しも楽しい勉強になるはずです。

投資サイトで情報を収集

投資サイトはさまざま

情報はネット上にたくさんあります。いろいろなものを読んで自分に合っているサイトを見つけるのも、株式投資の楽しみです。

データ分析がすごい

ファンダメンタル、テクニカル共に分析をしっかりやって、推奨銘柄をあげているサイトもたくさんあります。

いろんな人がワイワイやっている

投資関連のチャットやSNSなども◎。さまざまな投資家たちが、いろいろな意見をぶつけていて面白い。

いつも強気

サイトの論調はいつも強気で、基本的には「買い」情報ばかり。目標株価の提示があるから参考になる。

裏情報が面白い

この銘柄はそろそろ怖い、こんな事情で上がり出すぞといったアマチュア投資家の知らないことがワンサカ。

超個人

「ポイントでこの株買いました」「積み立てで持ち株が増えました」といった「見て、見て!」系の話題がびっしり。

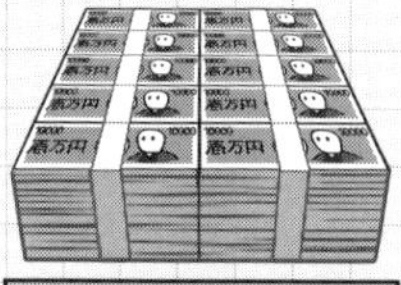

資産積み上げ

どんなものに投資してどのくらい利益を上げているのかを公開している。IPO関係サイトには特に多く見られる。

役立つ情報をゲットしよう その04

株取引の前に必ずチェック！確認しておきたい指標とレート

株価に影響を与える指標やレートをもう少し、深掘りしましょう。

「米ドルと日本円」の他にも、「ユーロと日本円」「英国ポンドと日本円」の為替レートはチェックしておきたいところ。理由は126ページで説明したのと同じです。英国は、EU離脱問題で揺れていますので、注視する必要があります。英国とEUで離脱交渉案が進展した時、ポンドは売られるのかと思いきや、かえってポンドは買い進まれています。

NY市場の場合、「ダウ」に加えて、「S&P500」と「ナスダック」も見ておきたいところです。「S&P500」は、500種の銘柄で構成されているNY版の東証株価指数（TOPIX）です。「ナスダック」は、ベンチャー企業向けの株式市場。

「原油価格」が上昇すると、ダウも日経平均株価も上昇することが多く、下落すれば、ダウ・日経平均株価も下落することが多い。原油価格の下落は、莫大な資金を誇る「中東ファンド」に悪影響を与えるからだと言われています。「WTI原油先物価格」と「北海ブレント価格」に注目します。

金価格に関しては、一般的に「株価が上昇すれば、金価格は下がり、株価が下落すれば、金の相場は上がる」と言われています。相場好調時は、投資家はリスクをとって株式やほかの金融商品に資金を投じるが、世情が不安定だと安全資産としての金が買い進められるからです。東証にはそれらの指標に連動するETFやETNという商品があります。個別株だけでなく、指標連動商品にも注目してみましょう。

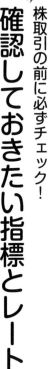

指標連動のＥＴＦ・ＥＴＮとの比較も面白い

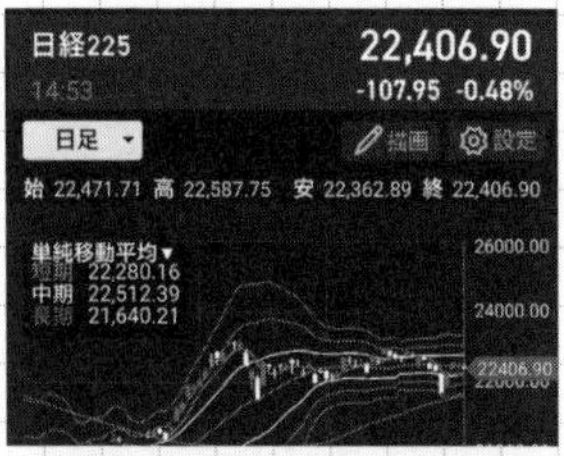

日経平均　日経225

日本の株式市場の代表的な株価指標。「日経平均」や「日経225」と呼ばれている。日本経済新聞社が東証一部に上場する企業の中から業種等を考慮して選んだ225社の平均株価。

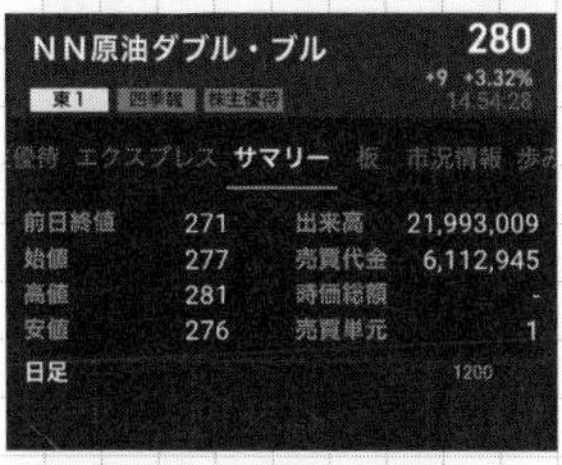

原油　NN原油ダブル・ブルETN
(2038)

東京商品取引所・原油指数の2倍の値動きをする指数が対象のETN。

売買単位　1株
株価　280円

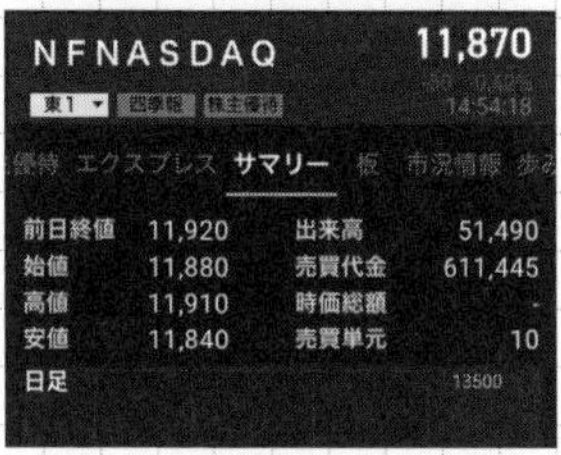

ナスダック　NFNASDAQ100連動
(1545)

円換算した米国ナスダック100銘柄を対象指数とするETF。

売買単位　10株
株価　11870円

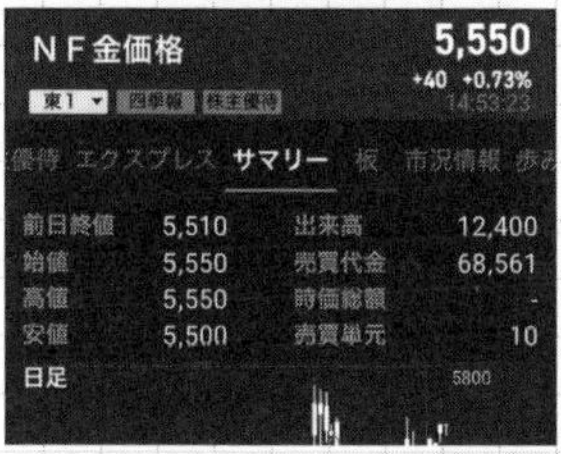

金　金価格連動型投資
(1328)

円換算したロンドン市場の金価格を交換とするETN。

売買単位　10株
株価　5550円

※画像は楽天証券「iSPEED」より、株価は2020年8月現在

役立つ情報をゲットしよう その05

重要指標は株価を大きく左右する

発表直前は相場があまり動かない

　ここでいう重要指標とは、株価を動揺させる要因となる経済指標のうち、特に「国内総生産」や「日銀短観」のように重大なものになります。

　経済指標とは、その国の政府が定期的に発表する、「経常収支」「景気の動向」「失業者率」「物価の状態」など、その国の経済状況を全般的に把握できる統計であると言えます。

　例えば「国内総生産」（ＧＤＰ）の数値が良好ならば、日本経済が順調であるということで、株価を力強く上昇させます。日本経済と関係の深いアメリカや中国などの動向も、株価に影響を与えます。

　アメリカの「米国雇用統計」で悪い数字が出ると、それは日本にとっておもな輸出先であるアメリカの経済状況が悪化しているということですから、「日本の景気も悪化するかもしれない」と、日経平均株価は大きく下げることもあります。

　重要指標の発表直前では、投資家たちの行動がどうしても臆病になりがちです。予想に反して、重要指標でとても悪い数字が出たなら、一気に株価が下落するかもしれないのだから、当然ですよね。

　重要指標の前には、「新規に買い込んだりしない」「持ち株数を減少させる」、あるいは現在、ホールド中の株を決済したくないなら、上級者向けではありますが、「空売り」や「インバースＥＴＦ」（１５８ページ参照）でリスクをヘッジするなど、慎重な対応が必要になります。

　重要指標の発表前には、買いが入りにくく、相場があまり動かない傾向にあると覚えておきましょう。

重要指標発表で株式市場はどう動く？

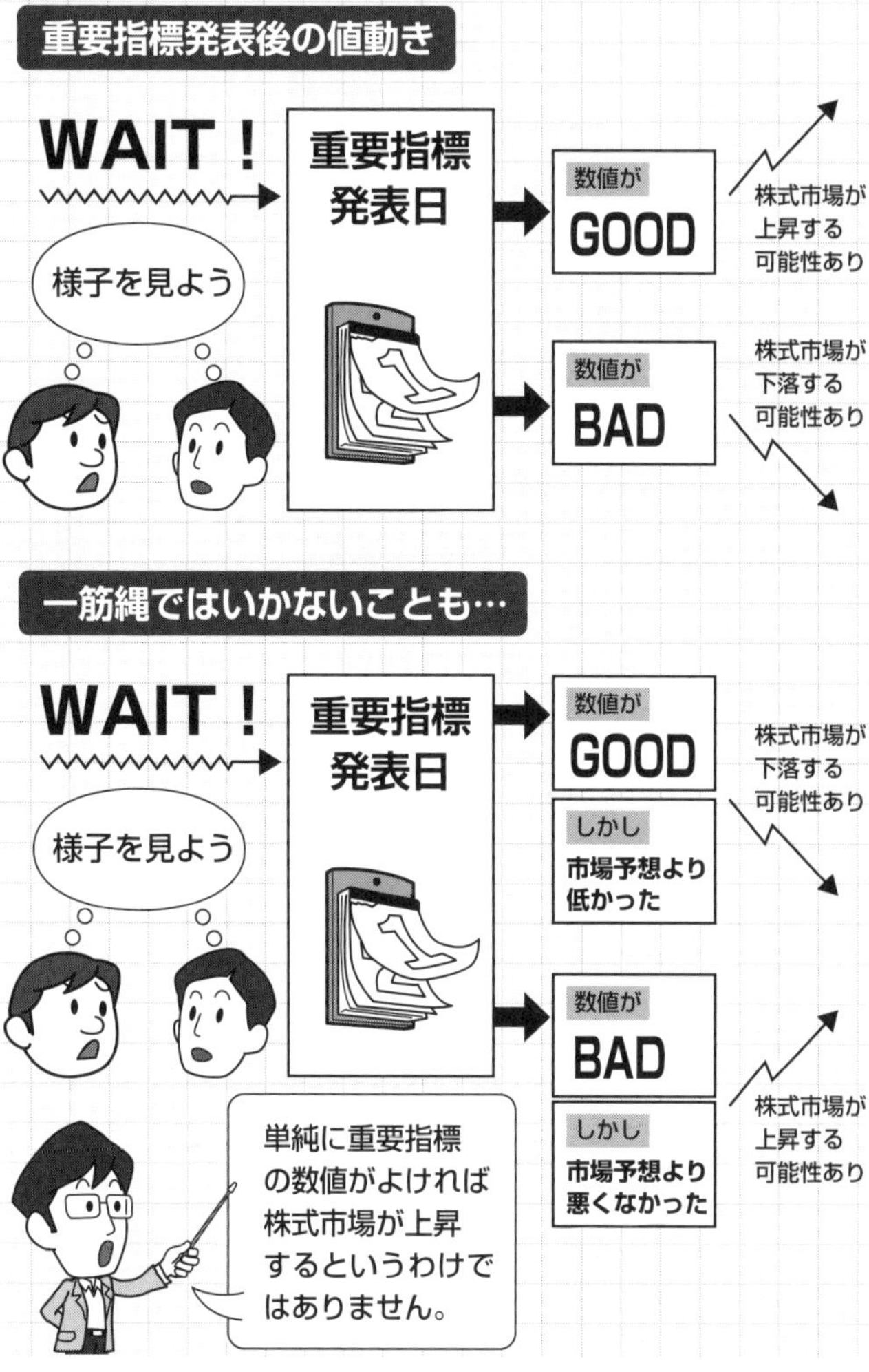
重要指標発表後の値動き
WAIT！
様子を見よう
重要指標
発表日
数値が
GOOD
株式市場が
上昇する
可能性あり
数値が
BAD
株式市場が
下落する
可能性あり
一筋縄ではいかないことも…
WAIT！
様子を見よう
重要指標
発表日
数値が
GOOD
しかし
市場予想より
低かった
株式市場が
下落する
可能性あり
数値が
BAD
しかし
市場予想より
悪くなかった
株式市場が
上昇する
可能性あり
単純に重要指標
の数値がよければ
株式市場が上昇
するというわけで
はありません。

役立つ情報をゲットしよう その06

GDPに日銀短観、景気動向指数…
株取引で注目すべき統計は？

では、その重要な指標を具体的に見ていきましょう。まずは、日本の指標から。

①「GDP（国内総生産）」（内閣府　年4回）

ほとんどの国で4半期ごとに発表されます。最も注目度が高いのは「1〜3月期の速報値」です。

②「日銀金融政策決定会合」（日本銀行　年8回）

日銀の発表の中で最高峰と言えるものです。株価に甚大な影響を与える「政策金利」に関しての決定事項が公開されます。

③「日銀短観」（日本銀行　年4回）

通称「タンカン」。日本銀行が全国約1万社の企業を対象に、売上高、収益、設備投資など、企業活動全般に関する統計調査のことです。

④「景気動向指数」（内閣府　毎月）

景気の現状を把握し、先行きを予測するときに使用される経済指標です。景気が拡大しているか、後退しているかを判断する材料になります。

続いて、アメリカです。

⑤「米国雇用統計」（毎月第一金曜日）

中でも、「失業率」「非農業部門雇用者数」は、株価の変動に大きな影響を与えます。

⑥「FOMC（連邦公開市場委員会）」（年8回）

アメリカの「政策金利」に関する決定事項が発表される委員会です。ドルを基軸として為替レートに多大な影響を与えます。

このほかにも、中国PMI（製造業購買担当者景気指数・毎月上旬）や、ECB（欧州中央銀行）の政策金利発表は押さえておきたいところです。

重要指標発表で株式市場はどう動く？

指　標	発表月	注目する点
①GDP（国内総生産）	１次速報は 2・5・8・11 月の年４回	予想を上回れば株価上昇。下回れば株価下落。
②日銀金融政策決定会合	1・3・4・6・7・9・10・12 月の年８回	金融緩和、長期金利、ETFの買い入れなどの発表で株価が動く
③日銀短観	4・7・10・12 月の年４回	特に大企業製造業の数字が注目される
④景気動向指数	毎月	景気がよい方向にあるのか、悪い方向にあるのかがわかる
⑤米国雇用統計	毎月	外国為替、株式、金利などの市場に影響を与える。特に「失業率」「非農業部門雇用者数」の増減は注目
⑥FOMC（連邦公開市場委員会）	1・3・4・6・7・9・11・12 月の年８回	景気判断、政策金利の方針が発表されるが、予想と違った場合、株価や為替に影響を与える

役立つ情報をゲットしよう その07

ニュースの具体例を挙げて解説
米大統領発言は世界経済をどう動かす?

ドナルド・トランプ大統領は、2018年3月、中国製品に対して、25%の関税をかける大統領令にサインしました。関税がかけられれば、中国製品の価格は高騰し、アメリカ市場では売上が減少します。「中国製品が高いなら、わざわざ中国から輸入したりせず、アメリカ製品を買った方がいい。中国に進出したアメリカ企業も、アメリカ本土へ戻る」

トランプ大統領の狙いはこんなところであろうと推測されます。また、中国の経済発展をけん制したいという思惑もあったことでしょう。

当然、中国は強く反発し、アメリカ産の大豆や牛肉、約800品目に対して報復関税をかけたことから、本格的な「米中貿易戦争」がスタートしました。

アメリカと中国は超大国であり、いずれも日本にとって重要な貿易相手国です。当然、日本の株式市場にも多大な影響を与えます。

中国経済が大きなダメージを受ければ、中国本土で大規模なサプライチェーン網を構築している企業にも大きな打撃となります。中国に建設機材を輸出している大手建機メーカーなども悪影響は免れません。貿易量が減少し、世界的な物流が滞るようになれば、海運大手、また総合商社の業績も悪化するかもしれません。「有事の円買い」で円高になる一方、中国の景気が悪化すれば、日本を訪問する中国人観光客の数が減少し、インバウンド事業に従事する企業がダメージを受けることになります。

円高となれば、内需・輸入型の企業には大きな追い風となって、株価を押し上げる要因になります。

トランプ大統領の発言が及ぼす株価への影響

EU（欧州連合）の場合

コロナ対策で欧州から米国への**渡航禁止**を発言

→

変化

ダウ工業株平均の先物価格や日経平均株価も急落

日本の場合

トヨタの**メキシコ工場建設**を非難

→

変化

アメリカに輸入関税をかけられると大幅な利益減になるためトヨタや自動車関連の株価が動く

中国の場合

中国からの**輸入品に関税**をかける

→

変化

中国も対抗して米国からの輸入品に関税をかける貿易戦争が始まる

↓

米中関連銘柄だけでなく世界の関連銘柄や市場が影響を受ける

役立つ情報をゲットしよう その08

ネットでもたらされる情報は玉石混合
あまり多くの情報に振り回されない

現代では、ブラウザを立ち上げれば様々な情報を獲得することができます。そして、ネットに存在する膨大な情報は、文字通り、玉石混交であると言えます。個人投資家にとって情報の量は、実際には、「少なすぎる」のではなく、「多すぎる」のが本当のところです。自分なりに取捨選択して、より有用な情報を選別する必要があります。これは「情報の海の中でいかに溺れずにいられるか」という「メディアリテラシー」の問題であるとも考えます。

「メディアリテラシー」とは、『デジタル大辞泉』（小学館）によれば、①「コンピューターや最先端の電子機器を使いこなせる能力」、②「メディアに対して主体性を確立すること」と規定されています。

ここで大切なのが、②の方です。与えられた情報をただ鵜呑みにするのではなく、どのような目的をもって発信されているのか、その裏の意図を見抜く能力が重要であるということです。テレビ・新聞・雑誌・ネット、いずれも発信者は、商業的立場や政治的、思想的な背景から偏り、歪みから自由でいられることはありません。

これは株式投資でも同じです。むやみに情報を集めて、それを判断材料にするのではなく、何のためにこの情報を集めているのかを明確にしておくこと。ただ漠然と株式投資サイトなどを読むのではなく、「配当収入だけで、年間150万円を達成するにはどんな銘柄を買えばいいのか？」など、具体的な目標達成に有効な情報のみを選別する、このスタンスで行きましょう。

情報は取捨選択するが吉！

コラム6

会社が倒産したら、持ち株はどうなるの？

2020年5月15日、株式会社レナウン（証券コード：3606）が民事再生手続きを受けることになり、6月16日、上場廃止が決定しました。

上場企業が倒産して会社更生法や民事再生法が適用されたら、株は「整理ポスト」に移動して、1か月後には取引ができなくなります。

「倒産」にも、種類があります。

ひとつは、「破産」による会社そのものの清算です。これは会社がなくなってしまうもの。もうひとつが、会社更生法、民事再生法の適用による「民事再生」、レナウンの場合は、後者になります。会社の再建計画を立て、それをもとに事業を継続していくことを意味しています。「民事再生」を申請すれば、借金の一部の返済を免除してもらえたり、減税措置を受けることができます。どちらになっても株は紙くずになります。

上場廃止が決定した銘柄を「整理銘柄」と言い、証券会社が上場廃止の恐れありと判断した銘柄を「管理銘柄」と言います。「管理銘柄」がそのまま、「整理銘柄」となって消滅することもあれば、上場廃止を免れ、最安値に放置されていた「管理銘柄」に買いが集中して、一時的に株価が暴騰することもあります。

では、持ち株を預けている証券会社が倒産してしまったら？　証券会社が個人から預かっている株式・投信・MRFなどは、「顧客資産の分別管理」の原則によって、自社の資産とは区別して管理するように、法律で定められています。それでも、返金が困難になった場合、「日本投資者保護基金」から1人1000万円を限度として補償を受けることができます。

【第七章】

勝率を上げる投資テクニック

勝率を上げる投資テクニック その01

売買が活発化し、株価が激しく動揺
週明けの寄り付きに注意

その日、証券取引所で最初に成立した売買を「寄り付き」と言います。

そこから株式市場のオープンを「寄り付き」と呼びます。株式市場では、「寄り付き」から30分ほどは売買が急増します。

スマホなどで前日に注文を出していた場合、翌日の「寄り付き」で一斉に注文が執行されるため、「寄り付き」から30分ほどは、出来高を伴って売買が活発化し、株価も激しく動揺します。この価格変動を狙って秒単位で利益を出そうとするデイトレ、スキャルピングの注文も加わるので、なおさらです。「寄り天」といって、その日の高値を「寄り付き」で付けることもあるくらいです。

株価には連続性があり、前日終値から翌日始値がスタートします。これが週明けとなると、丸2日間、市場が閉まっているわけで、投資家の心理も一旦、リセットされてしまいます。

つまり、平日と違って月曜日の「寄り付き」は、株価の動きが読みにくくなるのです。

前述の「寄り天」ですが、「寄り付き」で「天井」ということは、それ以降は軟調で、株価は下落して引けたということです。

「ローソク足」は「陰線」になりますね。つまり、週明けの「寄り付き」で高値掴みをすると、それが「寄り天」で、その後、下落して損失を出すことになりがちです。

週明けの「寄り付き」では、「様子見に徹する」など、十分注意が必要です。

週明けはすぐには動かない

まずは様子見から入ろう

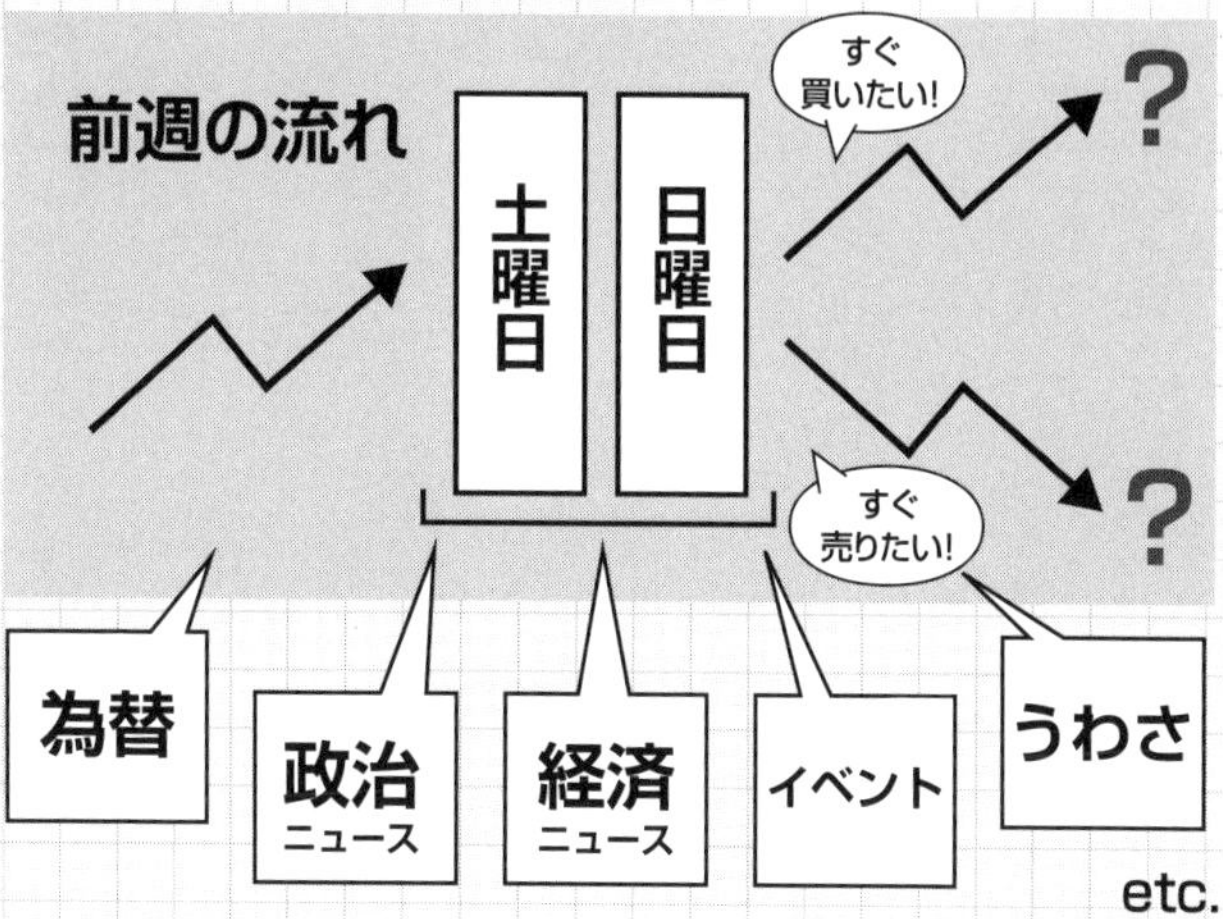

金曜の15時以降から月曜の9時までの間に起きた様々な情報により、投資家たちの方向性が前週の流れの継続にならないことがある

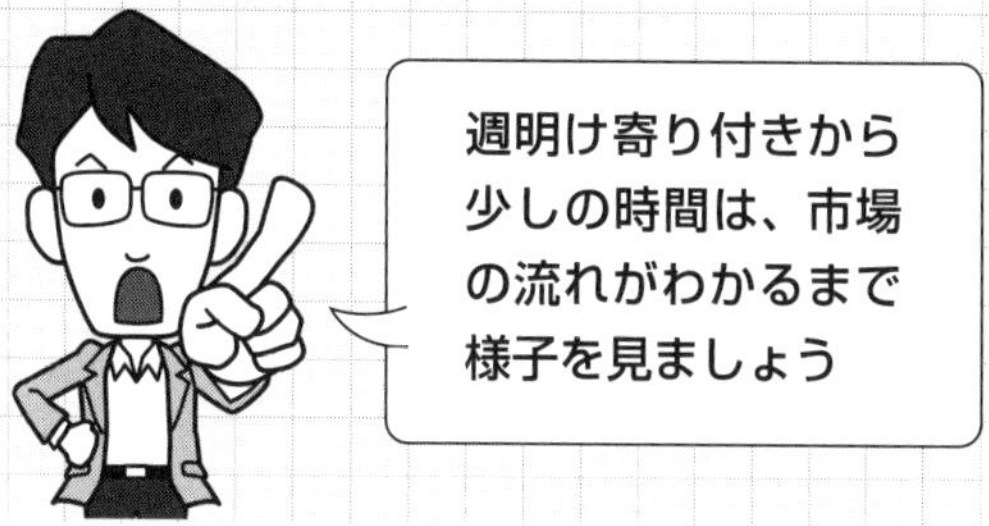

勝率を上げる投資テクニック その02

投資は人の行く裏にこそ道がある 自分だけのブルーオーシャンを見つけ出そう

「人の行く裏に道あり　花の山」

他人と同じことをやっていても儲からないぞ、という意味です。私はこの格言を「自分だけのブルーオーシャンを見つけ出せ」と解釈しています。

株式市場は、主に「機関投資家」と「個人投資家」で成り立っています。そして、個人投資家の大半は中高年の男性です。つまり、株式市場のメインプレーヤーは、「プロ」と「おじ様たち」ということになります。そのため、女性を対象とした商品やサービスに関して、それがとても良質なものであったとしても、株式市場でその正当な評価が遅れがちになる傾向があります。

「いい年をしたおっさんがコスメだの、機能性下着だの、生理用品だのと言っていられるか」

世の「おじ様」投資家たちがそう考えているとしたら、女性の投資家たちにはかえってチャンスです。「あの会社から出た秋の新色リップ、素敵よ」ママ友のランチ会の会話から、投資のチャンスが生まれるかもしれません。お気に入りのカフェでいただくスイーツやパン、働く主婦を応援するスーパーのお総菜コーナー、好きな洋服のブランドなど、上場している企業はたくさんあります。

また、「家事代行サービス」や「介護事業」など、これまでは女性の仕事とされてきた分野に参入する企業は増えています。そういう分野は女性の独壇場。

個人投資家の場合、スマホの「お気に入り」に登録する銘柄はせいぜい20ほどなのですから、自分が一番得意とするカテゴリーに力を注げばいいのです。

ピンチのときこそポジティブに！

新型コロナ発生、そのとき投資家は…

ポジティブAさん

■大きく株価がダウンした企業への投資

石油関係
観光関係
（ホテル、旅行代理店、旅行比較サイト、航空会社）
レストラン、リート…など

■ダメージを受けた国や復活の早い国への投資

中国、ロシア、オーストラリア…

ネガティブBさん

■株は塩漬け

■経済が戻るまで投資は控える

■第二、第三のダウンが怖い

■株価は見ない

新型コロナは発生してから、ネット証券の新規口座数が激増し、休眠口座の復活も増えたそうです。みんながつらいと思っているときが、大きな利益をつかむチャンスなのです！

勝率を上げる投資テクニック その03

有用だけど取り扱いには注意が必要「SNS」をどう活用するか？

SNSはSocial Networking Service（ソーシャル・ネットワーキング・サービス）の略で、インターネット上で大勢の人たちと交流を持つことができるコミュニティ型の会員サービスです。

代表的なものが、「Twitter」「Facebook」「LINE」「Instagram」です。

刻々と状況が変化していく株式市場で、速報性の高いネットでの情報収集はとても重要です。

個人投資家の中にも、知名度が高い有名トレーダーたちがいて、「Twitter」などで頻繁に売買の状況や注目すべき銘柄について、ツイートしています。

彼らは個人投資家ながら、莫大な収益を上げているところから、カリスマトレーダーと称賛されているわけで、そういう人たちが現在、何に注目しているか、（テクニカル指標、決算、為替、あるいはIRなのか）を把握しておくのは有益なことです。また、「Twitter」を使えば、自分が調べたい銘柄について、「キーワード検索」すれば、投資家たちのツイートを閲覧することができます。

それらを粘り強く読み込んでいけば、その銘柄についてどんな状況が生まれているのか、把握することができます。注意していただきたいのは、株をホールドしている投資家は、ほかの投資家たちの買いをあおるようなツイートをすること。彼らは、株価を吊り上げ、高く売りぬけて利益を上げたいという思惑を持っています。逆に「空売り」を仕掛けたい投資家たちは、売りをあおるツイートをすることになります。ネットは、「言った者勝ち」の世界です。

SNSは無料で便利な情報ツール

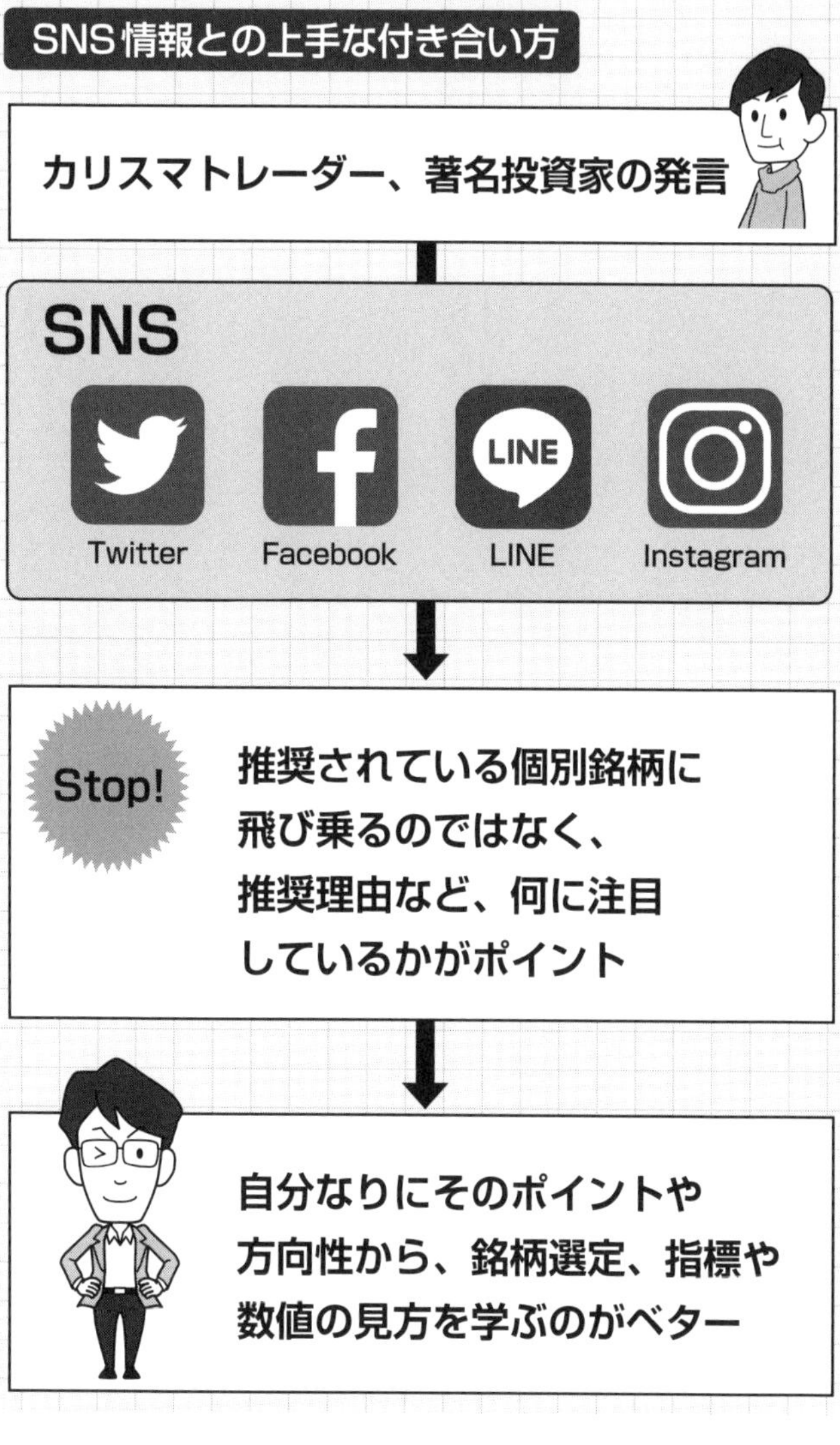
SNS情報との上手な付き合い方
カリスマトレーダー、著名投資家の発言
SNS
Twitter
Facebook
LINE
LINE
Instagram
Stop!
推奨されている個別銘柄に
飛び乗るのではなく、
推奨理由など、何に注目
しているかがポイント
自分なりにそのポイントや
方向性から、銘柄選定、指標や
数値の見方を学ぶのがベター

勝率を上げる投資テクニック その04

ヘタに手を出すと大損害を受けることも…「イナゴタワー」って何？

1人の有名トレーダーが、ある銘柄の値動きについて、「ここが初動。○○円まで上がるのは確実」と「Twitter」「Facebook」「LINE」で書き込んだとします。大勢の個人投資家がそれを好材料とみて、一斉に買い注文を出せば、当然、株価は急上昇します。しかし、実態が伴っていないため、あっという間に人気は離散して、株価は急降下してしまいます。

この値動きのチャートの形がまるで、タワーのような形なので、「イナゴタワー」と呼ばれます。

こんな投資行動をとる投資家を秋口、大繁殖して田園を襲い、稲穂を食い尽くして飛び去るあの昆虫に例えて、「イナゴ」と呼びます。

初心者は自分の投資手法にも、情報収集力にも自信が持てないものです。そのため、有名トレーダーの発言を鵜呑みにしてしまいがちなのです。

「イナゴ」たちにもヒエラルキーがあって、最上級を「殿様イナゴ」、最下級を「養分イナゴ」と言います。「殿様イナゴ」は、買いあおり、売りあおりの発信でほかの「イナゴ」たちを惹き付け、彼らを「養分」にしてしまう最強「イナゴ」。

これに対して、「養分イナゴ」とは、その名の通り、ほかの「イナゴ」たちの「養分」にされてしまう最弱「イナゴ」のことです。

短いスパンで激しく株価が上下動するので、上手に初動に乗ることができれば、大きな利益が得られ、高値掴みすれば大きな損失が出るという、極めてハイリスク・ハイリターンの投資行動になります。一般投資家はスルーした方がいいでしょう。

イナゴにはならないこと!!

イナゴってなに？

＝

昆虫のイナゴに例えた言葉で、特定の銘柄に集まる個人投資家のこと。短期売買が主体のため、急騰、急落の傾向が強い。

イナゴタワー

株価に連動しそうなニュースが出たときやＳＮＳで話題になったとき、株価の急騰、急落が起きてチャートがタワーのような形になる呼び名。

例

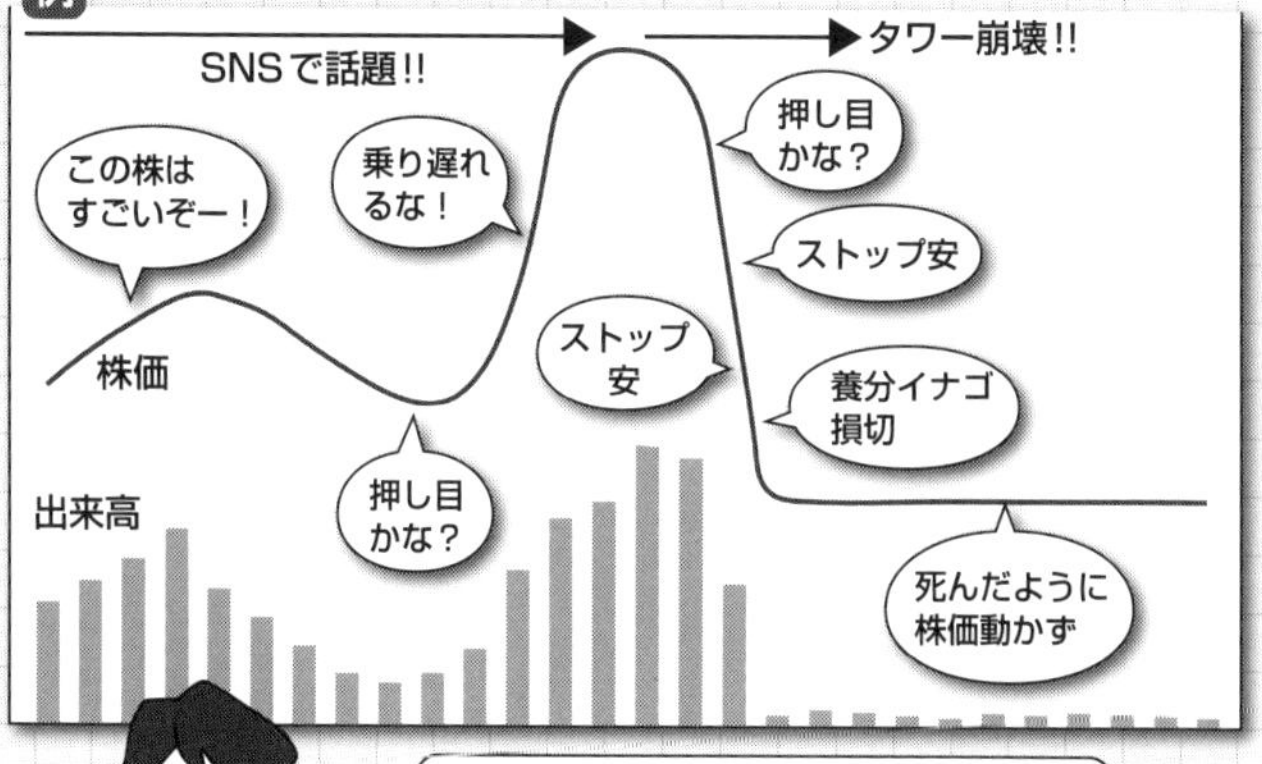

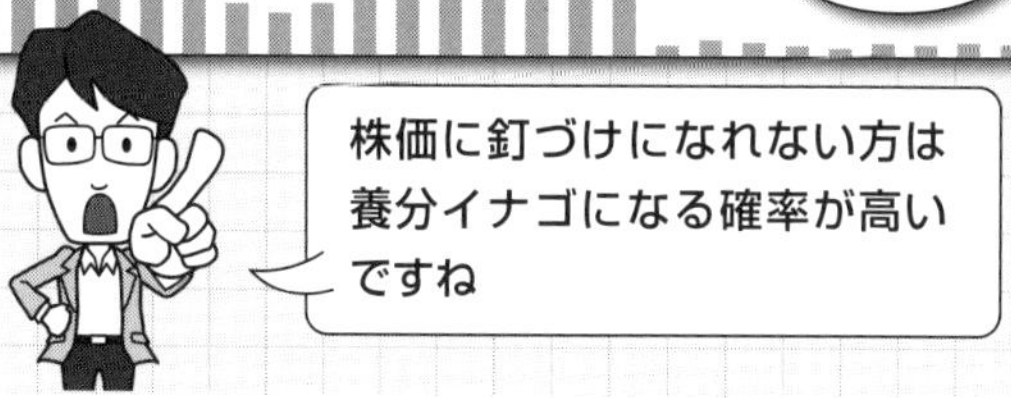

勝率を上げる投資テクニック その05

ひとつの銘柄に固執する!!

「うねり取り」に挑戦してみよう

身内に不幸があって、その人物が保有していた株式をあなたが相続することになったとします。

当然、お金と変わらない有価証券を受け継ぐわけですから、法律に基づいた手続きが必要です。

きちんとした手続きを経て、相続した株式があなたのものになって、売買可能となったとします。

ここである投資手法をご紹介したいと思います。

それは、「うねり取り」と言います。

「うねり取り」とは、ひとつの銘柄を徹底的に追跡するという投資手法です。ここでいう「うねり」とは、株価の上下動のことです。

ある銘柄が底を打ったと予想したら、そこで「買い」を入れます。その銘柄が天井を付ければ、そこで「手仕舞い」。それからは下降トレンド突入ですから、このポイントで「空売り」を仕掛けるのです。

そして、下げ切ったところで「売り玉」を決済して、また、「買い」を入れる。「逆張り」の繰り返しです。

基本的にはこれだけ。つまり、相場が上昇・下降、いずれの状況にあっても利益を出すチャンスを作り出せる投資手法です。

「うねり取り」には、銘柄の選択が何よりも大切です。倒産したら元も子もないし、ある程度、ボラティリティの高い銘柄を選ぶ必要があります。

次に大切なのは、「リーディング」。チャートを正確に分析する能力です。「うねり取り」はシンプルな手法ですが、それだけに十分な練習が必要な投資手法でもあります。興味のある方は、「うねり取り」を教える教本やツールを探してみてください。

「うねり取り」ってなんだろう？

「うねり取り」とは…

・特定銘柄の作り出す動きを研究して投資
・１銘柄を徹底的に利用
・初心者には向いている
・複数回に分けて購入

「うねり取り」の例

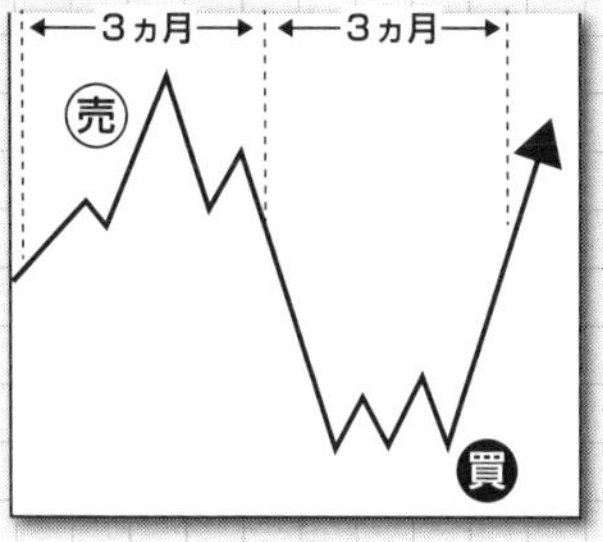

期間

株価が上昇や下降、停滞などがある程度の期間で見られるとき、停滞時の終わりに買って、次の期間内で売ることを繰り返していく。

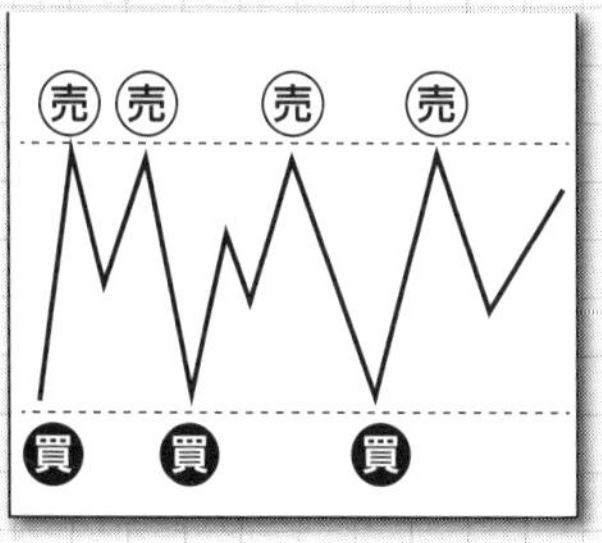

ボックス

株価がある範囲内で上がったり、下がったりするボックス相場のときに、その範囲内で売買を行う。

勝率を上げる投資テクニック その06

幹事証券を通して公募に挑戦！IPOを本気でやるなら

IPOは、日本語では「新規公開株」「新規上場株式」と言います。

これまで株式を公開してこなかった企業が、新たに自社株を証券市場に上場させる時、この株の事を「IPO」と言います。

「IPO」は幹事証券を通じて「公募」が行われ、抽選に当選した投資家、または優良顧客に配分されます。「公募」時の「公募価格」より、上場直後に付けた「初値」が高くなることが多いので、配分されれば利益が出る確率は高いです。

当選できる確率を高める最も直接的な手段は、応募口数を増やすことです。本気でIPOをやるなら、複数の証券会社に口座を持つのが一番。

「大和」「日興」「みずほ」「三菱UFJモルガン」「SBI」の各証券会社に口座を作っておくといいでしょう。

SBI証券には、通常の当選枠とは別に、「IPOチャレンジポイント」用の当選枠があります。IPOの申し込みを続ければ、どんどん、ポイントが貯まっていき、ポイントを使用すれば当選確率が上がる仕組みになっているサービスもあります。

また、業界最大手である野村證券は、「IPO」の主幹事数では、常に第1位の定位置を占めています。大口顧客へ優先的に「IPO」が配分されるので、一般投資家にはなかなか、狭き門ではありますが、営業マンと懇意にしているなら、入手できることもあります。各証券会社ではネットでも申し込みができ、完全抽選を実施しているところもあります。

IPOにも挑戦してみよう

IPOの購入手順

1 IPOを行っている証券会社に口座を持つ

大手証券会社の申し込みもスマホでできる！

2 Yahoo！ファイナンス等でIPO銘柄を調べる

公開株数が多いと配分されやすい。業種や証券取引所によって人気が変わる。

3 その銘柄を取り扱っている証券会社（幹事証券）に購入を申し込む

主幹事証券会社への申し込みが有利。配分株数が多いのでゲットする確率が高い！

4 配分、当選したら購入する

配分、当選されても人気がない株なら辞退もできる。

5 上場日に売却

上場日に初値がつかないときもある。また、上場日に売却しなくてもよいが、多くの方が売却する。

参考：利益が出た直近IPO例

銘　柄	公募価格	初　値
サイバーセキュリティクラウド（4493）	4500円	9210円
Macbee Planet（7095）	1830円	2348円
アディッシュ（7093）	1230円	2101円

勝率を上げる投資テクニック その07

これを得意にしている人もいる!!
IPOに外れても勝負はこれから

「IPO」株は入手できれば、高い確率で利益を出せます。しかし、なかなか当選・配分が難しい。「IPOセカンダリー投資」というやり方をご紹介しましょう。これは「IPO」株が上場して「初値」をつけた後、トレードを開始するという手法です。

一般的に「IPO」株は、ボラティリティが高いので、値動きの変動を利用してリターンを狙います。

①「初値買い」

上場直後に付けた株価、つまり「初値」で買いを入れます。その「初値」から更に上昇していきそうだと判断できた場合、そのトレンドに乗るわけです。これを「初値買い」と言います。しかし、「IPO」株は下げ足も速いので、早いタイミングで利確する必要がある短期決戦型の手法です。

②「公募割れ買い」

中には「初値」が「公募価格」を下回る株もあります。上場初日、寄らずの売り気配で大きく下げた「IPO」株に買いを入れる、つまり、売られ過ぎからの反発を狙うやり方になります。初値が割れると下げが下げを呼ぶ形になるので、様子を見て出動すれば利益をとれることが多いです。

③「時間差買い」

公開直後の激しい値動きが落ち着いたタイミングで打診買いを入れます。公開直後、利確の売りが出て株価が下落したとき、値動きが小さくなる横這い（ヨコヨコ）の状態になったころ、リバウンド狙いで買いを入れる手法になります。

当選に外れても、まだまだチャンスありです。

IPOのセカンダリー勝負

IPOに外れたら狙うべき取引手法

1 初値買い

2 公募割れ買い

3 時間差買い

例:2020年4月6日上場の「松屋アールアンドディ」〈7317〉

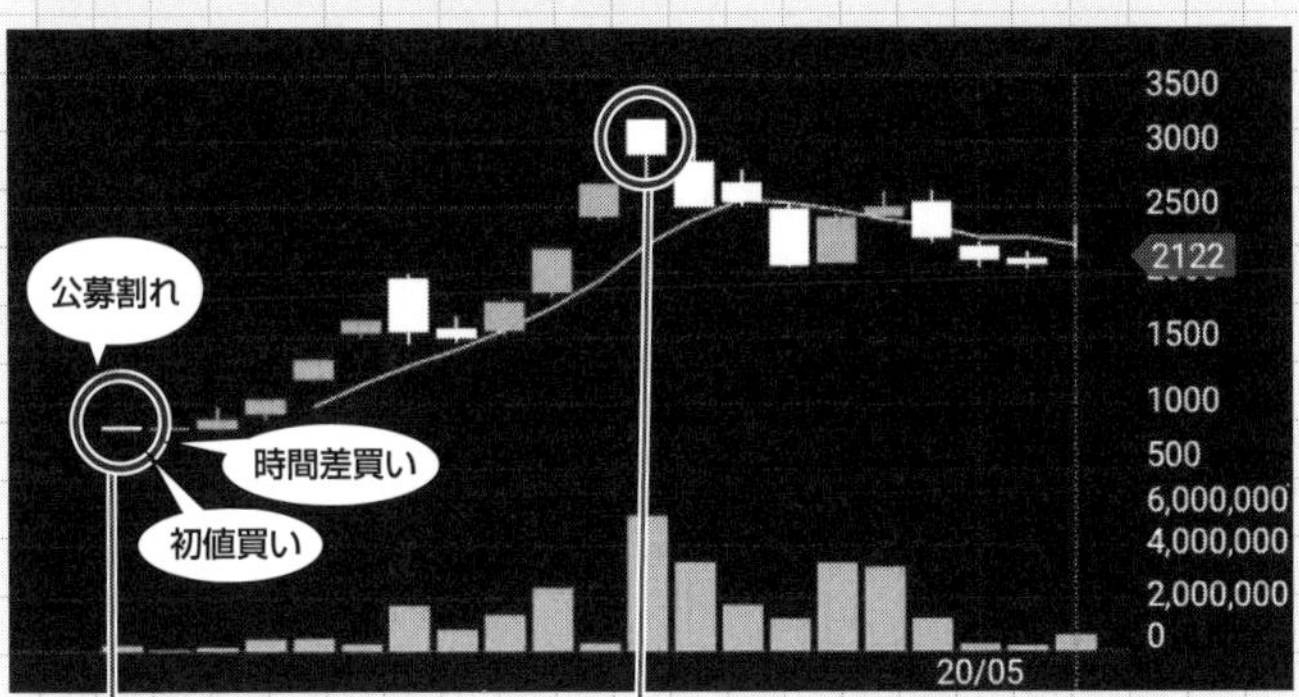

※チャートは楽天証券「iSPEED」より

公募価格は910円
初値は838円
初値騰落率-7.91%

高値3175円
初値との差2337円

IPOで配分を受けて、初値売りした人は損しましたが、公募割れしたこの株を初値付近で買った人は、3.8倍にもなって大きな利益を手にできました

勝率を上げる投資テクニック その08

手軽に分散投資ができる優れもの「ETF」も積極的に活用しよう

「ETF」は、日本語で「上場投資信託」と呼ばれます。

特定の指数に連動するもので、例として日経平均株価や東京株価指数（TOPIX）といった特定の指数に連動したものなどがあり、東京証券取引所など、証券市場に上場されているのが特徴です。

連動する指数は株式ばかりでなく、債券、REIT（不動産投資信託）、通貨、コモディティ（商品）にも連動します。

「投資信託」は、銀行・証券会社・郵便局などの窓口で申し込みますが、「ETF」は、証券市場に上場されているので、ふつうの株式と同じく、リアルタイムで売買の注文を出すことができます。わざわざ、金融機関の店頭までいかなくても、スマホをタップするだけでトレードできるわけです。

注文方法も、「成行」「指値」を指定できる点は、株式と全く同じです。

一方、株価指数に連動しているわけですから、「投資信託」のように比較的少額の資金で「分散投資」の効用を享受することができます。

「ETF」には、「レバレッジ型（ブル型）」と「インバース型（ベア型）」もあります。前者は、連動する「原指数」が上昇すれば、指数の2倍の幅で価格が上昇します。後者は、「空売り」のように株価の下降トレンドであっても利益を出すことができます。

ETFは「エネルギー」「建設」「医薬品」などと業種別で投資したいときや「高分配金」の株としても利用できます。

「ETF」ってなんだろう？

さまざまな指数と連動する金融商品

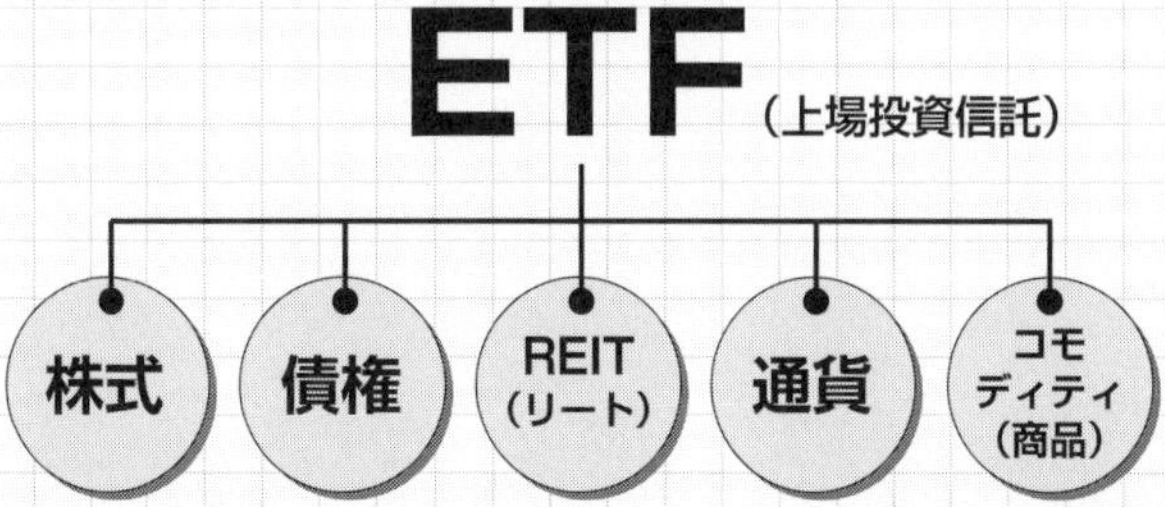

ETFの価格は、さまざまな指数と連動して決まります。市場の上がり下がりがダイレクトに反映されやすいという特徴があるため、値動きがわかりやすいというメリットがあります。

株とETFとの違い

株 → **1銘柄ずつ購入**

ETF → **指数を作るもののミックスを購入するのと同じ。株なら数十社をいっぺんに買うようなもの**

ETF 4つのメリット

- 【メリット1】いつでも売却可能
- 【メリット2】価格が安い
- 【メリット3】分散投資
- 【メリット4】選択できるジャンルが多い

勝率を上げる投資テクニック その09

リターンが大きければ損失も大きい「レバレッジ」と「インバース」

「ETF」には、「ダブル」「トリプル」の商品があります。「ダブル」とは、株価指数の変動率の2倍の価格変動率、「トリプル」ならば、3倍の価格変動率になるように設計された商品です。

100万円を普通の「投資信託」に投資した場合、連動する株価指数が10%上昇すれば、得られる利益は同じ10%の10万円です。

しかし、「ダブル」の「ETF」に投入すれば、得られる利益は、倍の20%で20万円になります。「トリプル」ならば、30%の30万円です。

強力な上昇トレンドが発生していると判断できる時、「ダブル」や「トリプル」の「レバレッジ型（ブル型）」を購入しておけば、2倍、3倍のリターンが狙えます。もちろん、株価が反対に動けば、損失も2倍、3倍になってしまいますから要注意。

「レバレッジ型」「インバース型」の「ETF」を上手に組み合わせて利用すれば、株価の上昇局面でも下降局面でも利益を出すことが可能です。

左ページをご覧ください。上昇トレンドで「レバレッジ型」を買い、天井で手仕舞い。下落局面で「インバース型」を買って（株式ならば「空売り」です）、底値で売却。

初心者には難しい「空売り」を事実上、スマホをタップするだけで使えるわけです。

また、株価指数が下落しそうな局面で、ポジションを手仕舞いする代わりに「インバース型」を買っておけば、持ち株の下落分を「ETF」がカバーしてくれます。つまり、「リスクヘッジ」ができます。

原指標に連動するもの逆に動くもの

レバレッジ型とインバース型

レバレッジ型（ブル型）

原指標（株価指数）に連動し、倍率が２倍なら、原指標の２倍に値が動く。

〈例〉TOPIXブル2倍上場投信（1568）

原指標100が110に上昇したときのレバレッジ2倍の動き

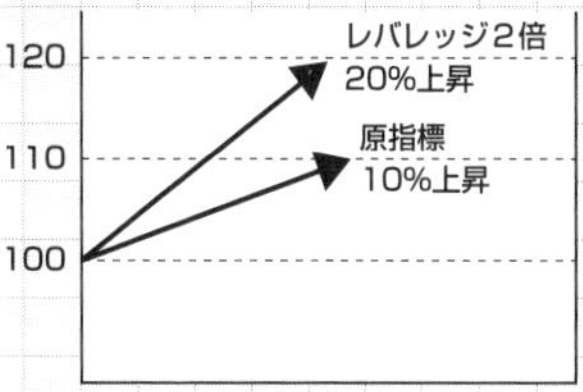

原指標100が90に下降したときのレバレッジ2倍の動き

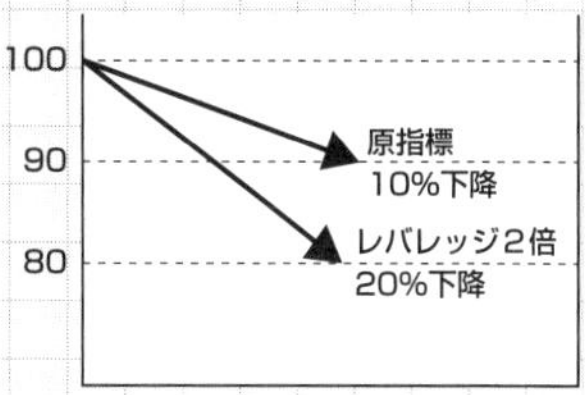

インバース型（ベア型）

原指標とは逆の値動きになるように設計されており、原指標が下がると値が上がる。

倍率が２倍なら、原指標の下がった値の２倍上昇する。

〈例〉日経平均ベア２倍（1360）

原指標100が110に上昇したときのレバレッジ2倍の動き

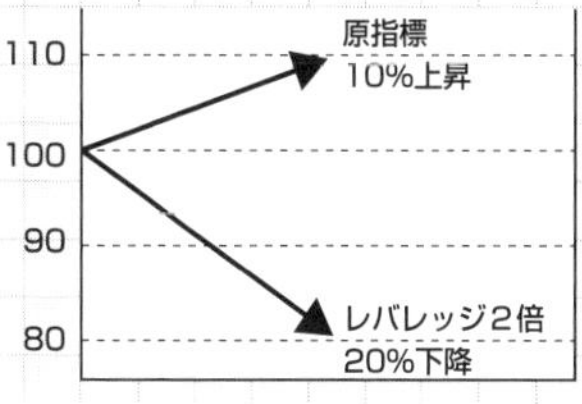

原指標100が90に下降したときのレバレッジ2倍の動き

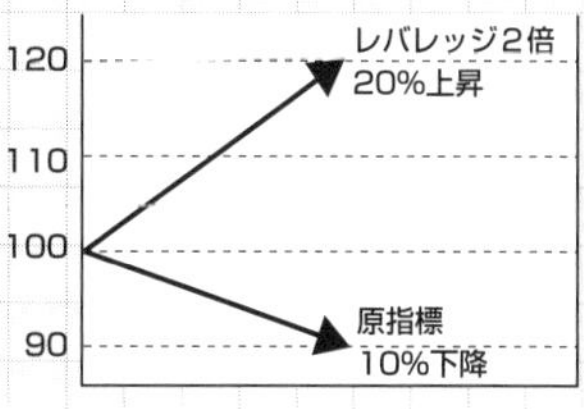

コラム7

子供も株式投資ができるの？

結論から言いますと、未成年者でも株式投資は可能です。親御さんの同意があれば、中学生、高校生でも、株式投資をスタートさせることができます。

それどころか、「マネックス証券」では、小学生も証券口座を開くことが可能です。

また、「SBI証券」「岡三オンライン証券」「松井証券」「楽天証券」などでは、未成年口座を開設することが可能です。

その際、「保護者の同意書」と親権者との続柄を確認できる書類、つまり、「住民票」「戸籍抄本」「健康保険証」が必要になります。

「株なんて、ギャンブルだ」

「そんな小さいころから、お金に執着するなんて」

という親御さんも多いでしょう。

その一方で、高校生のわが子に、「100万円やるから、株をやってみろ。全額、失っても構わんから」と積極的に株式投資を勧める親御さんもいます。

子供たちが18歳で成人となった時、どちらが「マネーリテラシー」「ファイナンシャル・リテラシー」を身に付けているかは、論を俟《ま》たないと思います。

2022年から、高校で「投資教育」「金融教育」がスタートします。「新学習指導要領」のテーマは、「生きる力　学びの、その先へ」となっています。

老後は2000万円の資金が必要であると、一時期、大きな騒動になりました。

人生100年時代、高校生から「金融教育」を学ぶのは、「生きる力」を養う意味で、本当に意義のある事だと思います。

【第八章】

配当と優待も見逃せない

配当と優待も見逃せない
その01

預金3000万円と国民年金だけで大丈夫？
「株の配当」で安定した所得を確保

一流企業にお勤めして高給を食み、定年退職で高額の退職金をもらって、リタイア後も潤沢な年金で悠々自適……まさに理想的な老後生活です。

しかし、そんな誰もがうらやむ老後を送れる人たちばかりではありません。特に自営業者は、年金は国民年金だけという場合が多く、国民年金は満額でも月額6万円にすぎません。例えば、自営業者がリタイアまでに3000万円という老後資金を用意できていたとしても、全然安心などできません。

「年金だけで暮らせるはずがない」

「老後資金をどんどん、取り崩していくのが怖い」

老後を見越して、そんな不安を感じておられる人たちも、大勢いるのではないでしょうか。

しかしながら、3000万円の金融資産を税引き後、4％で回すことができれば、月額10万円、年額120万円の不労所得を得ることが可能です。国民年金の6万円と合わせれば、月額16万円です。これだけあれば、慎ましく生活していくことができます。

上場企業が出資してくれた投資家たちに分配する「配当」の場合、配当利回りは銀行金利を圧倒的に上回っています。前に紹介した「みんかぶ」で「配当利回りランキング」を見てみましょう。

ランキング1位の「松井証券」（1883）の配当利回りは、39・0％です。2位の「マクセルHD」（6810）は29・13％。3位の「THEグローバル社」（3271）は、13・66％です（2020年8月2日現在）。銀行預金が超低金利の時代、安定収入である「配当」に注目してみましょう。

老後資金は年金だけでは足りない

生活費が月30万円の場合の不足金

国民年金（月6万円の例）

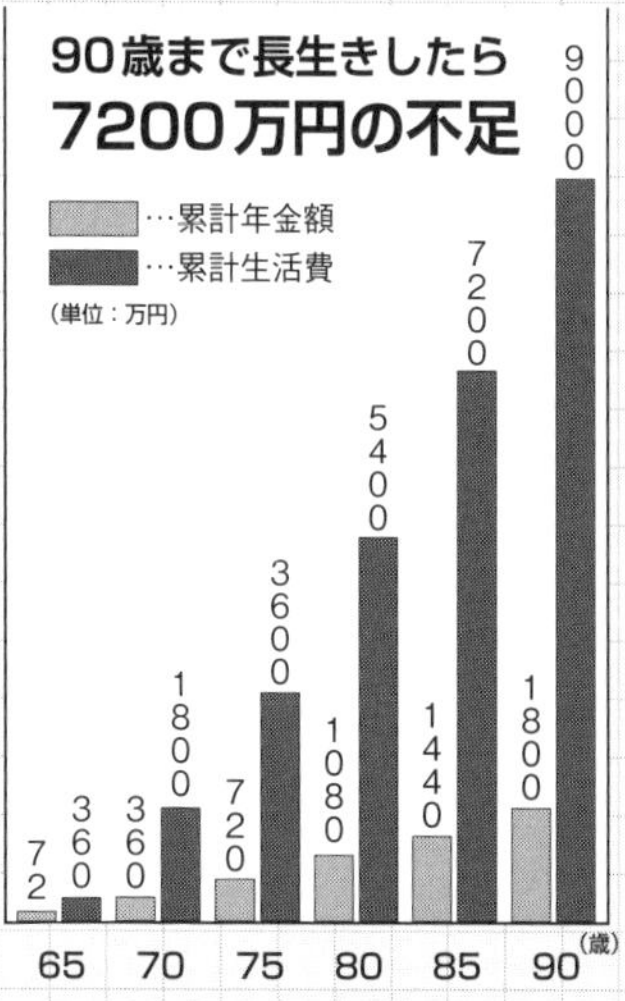

厚生年金（月20万円の例）

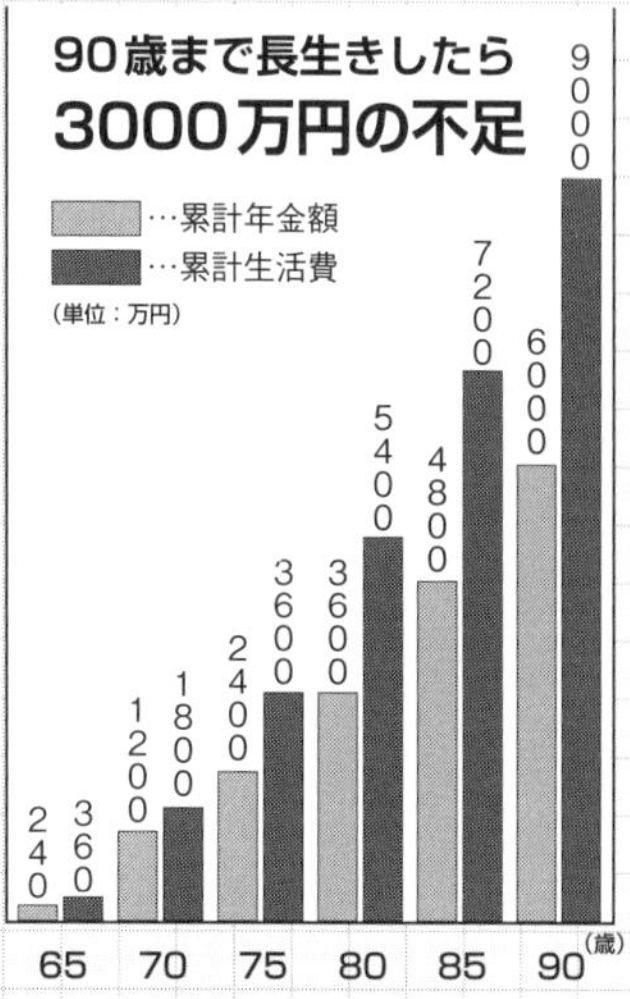

3000万円を4％（税引後）で回せた場合

経過年	資金	収入額	収入累計額
1年目	3000万円	120万円	120万円
5年目	3000万円	120万円	600万円
10年目	3000万円	120万円	1200万円
15年目	3000万円	120万円	1800万円
20年目	3000万円	120万円	2400万円
25年目	3000万円	120万円	3000万円

配当と優待も見逃せない その02

10％を超える高利回り株もある！ 高配当銘柄の見つけ方

配当利回りだけに注目するなら、「みんかぶ」などでランキング情報を閲覧すれば、一発です。

しかし、せっかく高配当率の銘柄を見つけても、その株価が下落してしまっては元も子もありません。

配当利回りは、配当金÷株価で算出されます。つまり、株価が上昇すると、配当利回りは低下し、株価が下落すると配当利回りは高くなります。

高い配当利回りは、株価の下落局面における一時的な現象である可能性もあります。その株を購入したとしましょう。その後、業績の悪化による減配ないし無配が発表される。株価は底なしの下落へ……となれば、配当金どころの話ではないですね。

気を付けていただきたいのは、高い配当金を出す企業＝いい企業とは言えないことです。企業は成長していくために資金を必要としています。上げた利益をその都度、株主に還元していったら、企業は成長の原資となる資金を確保することができません。株主に提供する配当金が少なければ、それだけ、将来のための積極的な投資を行うことができます。

「配当性向」という指標があります。「配当性向」が30％なら、利益の30％を配当に回し、残りの70％を将来のための「内部留保」に回しているということです。配当利回りが高い会社は、配当性向が高く、「内部留保」を蓄積していない会社である可能性があります。「スクリーニング」する際は、ＰＥＲ10倍以下、ＰＢＲ1倍以下、配当利回り3％から4％程度など、配当率がほどほどで、業績が安定した銘柄を選ぶようにしましょう。

高配当利回りも
投資先を決めるポイント

配当利回りの計算式

配当利回りは
株価で変動します

配当金 ÷ 株価
＝配当利回り

■高配当銘柄例

銘　柄	コード	株　価	配当利回り
前田道路	1883	1923円	39.0%
マクセルHD	6810	903円	29.13%
THEグローバル社	3271	183円	13.66%
明和産業	8103	420円	13.33%
ツバキ・ナカシマ	6464	698円	11.60%
FPG	7148	473円	11.89%
キヤノン	7751	1676円	9.55%
新明和工業	7224	917円	9.49%
オンワードHD	8016	258円	9.30%
あおぞら銀行	8304	1687円	9.25%
インターワークス	6032	332円	9.04%
コニカミノルタ	4902	278円	8.99%

※2020年8月現在

配当と優待も見逃せない
その03

一極集中のハイリスクな投資は禁物！
高利回りに分散投資しよう

いかに高利回りであっても、ひとつの金融商品に大切な老後資金のすべてを投入することはあまりにハイリスクです。

色々な金融商品を組み合わせて、「ポートフォリオ」を作成し、適宜、その内容を組み替えていくことをお勧めします。

①国内の高配当株

配当率が高くても株価が下落しては何にもならないので、業績の安定した企業の銘柄を選びましょう。ＰＥＲ15倍以下・ＰＢＲ2倍以下・配当利回り５％以下でスクリーニングすれば17銘柄がヒットします（※２０２０年8月現在）。配当と値上がり益の両方を狙うことも可能です。

②「米国株」

アメリカは「企業は株主のもの」という考え方が支配的で、配当をとても重視しています。「アルトリア・グループ」や「オキシデンシャル・ペトロリウム」の配当利回りは、７％、８％以上と極めて高いものになっています。安定投資なら連続増配している企業も面白いです。

③「J-REIT」

国内の不動産に投資し、家賃収入などを投資家に分配する「Ｊ-ＲＥＩＴ《ジェイリート》」。３％台、４％台の高利回りの商品がたくさんあります。

④「ETF」

「ＥＴＦ」の有利さはすでに説明したとおりです。「信託手数料が低い」「株式と同じく、リアルタイムで売買できる」「下落局面でも利益が出せる」

資金の一部は
ファンダメンタル投資に！

■米国連続増配銘柄例

銘　柄	ティッカー	増配年数	株価
アメリカン・ステイツ・ウォーター	AWR	65年	80.20ドル
ドーバー	DOV	64年	105.51ドル
ジェニュイン・パーツ	GPC	64年	88.64ドル
ノースウェスト・ナチュラル・ガス	NWN	64年	53.54ドル
プロクター・アンド・ギャンブル	PG	63年	125.96ドル

■国内REIT高配当銘柄例

銘　柄	証券コード	株　価	利回り
ジャパン・ホテル・リート投資法人	8985	42,600円	8.66%
スターアジア不動産投資法人	3468	90,400円	7.33%
マリモ地方創生リート投資法人	3470	96,800円	7.25%
投資法人みらい	3476	35,250円	7.18%
ザイマックス・リート投資法人	3488	86,800円	7.05%

■国内ETF高配当銘柄例

銘　柄	証券コード	株　価	分配金利回り
NEXT FUNDS 銀行	1631	6,110円	14.59%
NEXT FUNDS 運輸・物流	1628	12,940円	8.33%
日経300株価指数連動型上場投資信託株式	1319	305円	7.25%
上場インデックスファンド新興国債券外債	1566	44,050円	4.98%
東証銀行業株価指数連動型上場投資信託株式	1615	118円	4.95%

※2020年8月の株価　利回りは予想利回りなので、確定した数字ではありません。

配当と優待も見逃せない その04

「配当」＋「優待」の利回りも考慮

「優待」も銘柄選定の重要な指標です

企業が株主に提供する「優待」には、「QUOカード」や「図書券」のように金券ショップで換金できるものが多数あります。

特に「QUOカード」は、金券ショップにおいて換金率90％以上で買い取ってくれます。

ほかにも、「図書券」「ギフトカード」「おこめ券」「たまご券」など、金券ショップで売却できる優待サービスがたくさんあります。

もちろん、「QUOカード」などは、コンビニ・ガソリンスタンド・ドラッグストアなどでそのまま使用することもできます。インカムゲインを考える時は、現金でもらえる「配当」だけでなく、プラスして「優待」の利回りも考慮するようにしましょう。

「みんかぶ」では、「株主優待」から「配当＋優待利回りランキング」を閲覧することができます。

出張が多いビジネスマンならば、日本航空（9201）や全日空（9202）が提供する「株主割引券」もおすすめです。日本航空が提供する優待は、国内線50％割引券、半額で飛行機に搭乗することができます。「株主割引券」を利用して、安価に出張もできますし、金券ショップに売却するのも自由です。

また、株主限定の非売品、限定グッズを提供する企業もあります。

タカラトミー（7867）が株主限定で提供する、特別仕様のトミカ・リカちゃんなどはマニアにとても人気があって、「ヤフオク」「メルカリ」で、高値で売れることが期待できます。

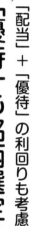

食品関係の「優待」+「配当」でお得な銘柄

■お得な優待のある食品関係の銘柄

銘　柄	証券コード	株　価	優待内容
すかいらーくHD	3197	16.3万円	優待食事券
クリエイト・レストランツHD	3387	5.2万円	優待食事券
トリドールHD	3397	12.0万円	株主優待割引券
アイ・ケイ・ケイ	2198	5.3万円	優待食事券、商品
マルカ	7594	17.8万円	グルメセット他
ペッパーフードサービス	3053	4.9万円	株主優待券、商品
エー・ピーカンパニー	3175	4.3万円	全国共通おこめ券他
サイゼリヤ	7581	18.3万円	食事券
コメダHD	3543	17.8万円	電子マネーポイント
鳥貴族	3193	14.5万円	優待食事券
くら寿司	2695	48.1万円	優待食事券、商品
サッポロHD	2501	19.3万円	自社商品詰め合わせ他

※2020年7月現在

ゲームセンターの利用券、アイドル関連サービス、ホテル宿泊割引など、投資とは別の楽しみ方もありますね

配当と優待も見逃せない その05

優待をもらうためにいつ株は買う？

権利確定日の前に「買い」が集中することも

優待や配当をもらうためには、まるまる一年間、その企業の株式を保有しておく必要はありません。

上場企業は、それぞれ、「権利確定日」を設定していて、その日に株式を保有していれば、優待をもらえる権利が得られます。ただし、「権利確定日」の前日に株式を買っても、優待をもらえる権利を確保できませんから気を付けてください。

株式市場では、約定するとその日を含め、4営業日目に売買代金の清算と株式の受け渡しが行われます。その企業の「権利確定日」が10月31日だとすれば、その4日前、休祝日を挟まなかったとして10月28日までに株式を購入しておく必要がありますので、注意してください（これは、配当でも同じことです）。

株主優待は、権利確定日からおよそ、2、3か月で株主の手元に届きます。

権利確定日の前は、優待を目的とした買い注文が激増するため、株価が上昇することが多々あります。「日足」だけでなく、「週足」「月足」も確認して、値ごろ感があれば、事前に仕込んでおくと利益を上げられる可能性があります。

しかし、「権利付き最終日」を境に株価は下落することが多いです。これは、投資家が優待を得られる権利を確保できたので、さっさとその銘柄を売却してしまうからです（「権利落ち」と言います）。

これを逆手にとって、「優待なんかいらないよ」という投資家は、「権利付き最終日」に「空売り」をしかけたり、「権利落ち」後の安値を狙って買いを入れる手法をとることもあります。

優待や配当が
手にできる権利確定日

権利確定日とは？

株主優待、配当金取得の条件

権利付き最終日（権利確定日の2営業日前。土日祝日はカウントしない）に株を所有

人気のある株主優待や高配当の銘柄は、権利付き最終日に向けて、買いが集中することがあります

権利確定日一覧

年　月	権利付き最終日	権利落ち日	権利確定日
2020年8月	8月27日(木)	8月28日(金)	8月31日(月)
9月	9月28日(月)	9月29日(火)	9月30日(水)
10月	10月28日(水)	10月29日(木)	10月30日(金)
11月	11月26日(木)	11月27日(金)	11月30日(月)
12月	12月28日(月)	12月29日(火)	12月30日(水)
2021年1月	1月27日(水)	1月28日(木)	1月29日(金)
2月	2月24日(水)	2月25日(木)	2月26日(金)
3月	3月29日(月)	3月30日(火)	3月31日(水)
4月	4月27日(火)	4月28日(水)	4月30日(金)

配当と優待も見逃せない その06

お得な優待がどんどん見つかる「株式投資支援サイト」で優待を確認

「Ｙａｈｏｏ！　ファイナンス」を使って、優待銘柄を探してみましょう。アプリを起動させたら、下段の「メニュー」をタップ。「スクリーニング」をタップ。下段の「検索条件」に条件を入力しましょう。「全市場」「ＰＥＲ＝下限なし～10倍以下」「ＰＢＲ＝下限なし～1倍以下」「配当利回り＝２％以上」「最低購入代金＝1万円以上　10万円以下」「時価総額＝下限なし～１０００億円以下」「株主優待　あり」……、この「スクリーニング」の条件でヒットした銘柄は、32件です（２０２０年8月2日現在）。

こうして、ファンダメンタルの視点から見ても、しっかりした経営内容の企業を選別することができます。「検索」をタップすると、ヒットした銘柄のリストが現れます。一番上に出ているのは、「大同メタル工業」（７２４５）です。ここをタップ。すると「チャート」を含む「概況」が表示されます。上のメニューバーから「株主優待」をタップ。優待の具体的な内容が表示されました。

では、「ＱＵＯカード」を優待にしている企業を探すには、どうすればいいか？

「みんかぶ」へ行ってください。

上のメニューから、「株主優待」をタップ。「株主優待を探す」のページ中段に、「クオカード」がありますので、それをタップ。「クオカードがもらえる人気ランキング」が表示されます。

「ＩＦＩＳ」では、「アクセスランキング」「優待の種類」「最低投資金額」「権利確定日」から、あなたが望む優待銘柄を発見することができますよ。

株主優待も投資の楽しみのひとつ

■QUOカードがもらえる銘柄例

銘　柄	証券コード	最低投資金額
日神グループHD	8881	3.6万円
河西工業	7256	4.4万円
共和コーポレーション	6570	3.8万円
アウトソーシング	2427	6.2万円
ジェイリース	7187	3.2万円
TBK	7277	4.5万円

■商品券、ギフト券、図書券がもらえる銘柄例

銘　柄	証券コード	最低投資金額	優待品
タカラレーベン	8897	3.4万円	全国共通おこめ券
エー・ピーカンパニー	3175	4.3万円	全国共通おこめ券
小林洋行	8742	2.5万円	全国共通おこめ券
テンポイノベーション	3484	6.4万円	ジェフグルメカード
トーソー	5956	4.8万円	図書カード

■施設割引銘柄例

銘　柄	証券コード	最低投資金額	優待内容
ゴルフダイジェスト・オンライン	3319	5.0万円	スポーツ施設優待券
ラウンドワン	4680	7.3万円	自社施設割引券
日本スキー場開発	6040	7.9万円	自社レジャー施設優待券

※2020年7月の株価。株主優待は変更されることもあります。

あとがき

新型コロナウイルスのパンデミック（感染爆発）が世界を変えました。

わが日本における、主だった「コロナショック」の経緯を取り上げても、
1月16日、武漢市へ渡航歴のある国内初の新型肺炎患者（神奈川県男性）発生。

1月28日、海外渡航歴のない新型肺炎患者を日本国内で初めて確認。

2月3日、「ダイヤモンド・プリンセス」号、横浜港に寄港（乗客乗員約3700人）。

3月13日、相模原市内の病院にて80歳女性が新型肺炎により死去。

4月7日、「特措法32条」に基づき、東京・埼玉・神奈川・千葉・大阪・兵庫・福岡において「緊急事態宣言」が発動（2020年4月8日から5月6日まで）。

この「あとがき」を書いている時点（7月下旬）で、東京における新型コロナウイルス患者が1日で450人以上発生ということで、「第二波か？」と警戒されている状態です。

ゴールドマン・サックスの分析によると、2020年の日本の実質GDPの成長率は、マイナス6％という深刻な数字である一方、日本株は大きく反発しています。

その原因は、「初心者たちの参入」「休眠口座の復活」「リーマンショックの時にはまだなかった、日銀によるETFの買い入れ」なども考えられます。

株価と実体経済のギャップが大き過ぎて、相場の現状を「コロナバブル」と呼ぶ人もいます。大きなダメージを受けた経済の立ち直りが遅れれば、株価との乖離はそれだけ大きくなり、株価が「二番底」へ向かうリスクを排除することもできません。

しかし、ボラティリティが大きな相場というのは、「スイングトレード」にとって最もおいしい局面であるともいえます。現在では、「インバース」「ダブルインバース」のETFを活用すれば、相場の下落局面でも利益を出すことができます。

「リーマンショック」の時は、どうであったか？　市場はどう立ち直っていったのか？　その歴史をたどってみるのも参考になると思います。

そして、もし、判断に迷うようならば、「休むも相場」ということで、しばらくトレードから離れてみるのもいいでしょう。様々な方法を模索することも大切です。

前作に続き、執筆の機会を与えていただいた彩図社・権田一馬副編集長に改めてお礼を申し上げます。

筆者

著者紹介

矢久仁史（やく・ひとし）

1962年東京都生まれ。現在、都内メーカーの営業企画部部長。株式投資歴は30年以上になる。投資対象は日本、中国、アメリカ、インド、タイなどの現物株や新興国関連の投資信託、外貨、債券、不動産など幅広い。旅行が好きで、大学時代は国内ではヒッチハイクと野宿で全国を回り、海外も様々な国をバックパッカーとなって放浪。現在でも年に4～5回は有給休暇を上手に使って海外旅行を楽しんでいる。趣味の旅行、ゴルフの費用はすべて株式投資でまかなっている。お金の神様といわれた邱永漢（故人）氏の大ファンで、以前、邱氏のブログ「ハイQ」への質問の返答で、投資商品が広がり過ぎていることを指摘され、「あなたは材木屋だ」と邱氏に言われたことがある（材木屋＝気が多い）。定年後は投資で築いた資産で海外移住することを目標に、日々投資活動を行っている。著書は『株で3億稼いだサラリーマンが息子に教えた投資術』（双葉社・4刷）、『資産をガッチリ増やす！　超かんたん「スマホ」株式投資術』（彩図社・6刷）、『Tポイントで株式投資』（主婦の友社）など多数ある。

構成：小柳順治

イラスト：なんばきび

協力：楽天証券株式会社

資産をもっとガッチリ増やす！

超かんたん「スマホ」株式投資術【実践編】

2020年9月23日　第1刷

著　者　　矢久仁史

発行人　　山田有司

発行所　　株式会社　彩図社
東京都豊島区南大塚 3-24-4
MTビル　〒170-0005
TEL：03-5985-8213　FAX：03-5985-8224

印刷所　　シナノ印刷株式会社

URL http://www.saiz.co.jp　Twitter https://twitter.com/saiz_sha

ISBN978-4-8013-0473-4 C0033